興味を広げる・深める！

世界の国

5年

どこの国かな？

首都 ソウル

JN132700

韓国（大韓民国）

世 昌徳宮

- 地 アジア
- 人 5,174万人
- 面 10万km²
- 言 韓国語
- 貨 ウォン
- 特 キムチ、K－POP

使い方 切り取り線にそって切りはなしましょう。
白紙のカードには、あなたの行ってみたい国についてまとめてみましょう。

説　明
地 は世界の中での地域、人 はおよその人口、面 はおよその国土面積、言 は主な使用言語、貨 は使用通貨、特 は特産品や有名なもの、世 は世界遺産を示しています。
★人口・面積は、Demographic Yearbook 2021（Webデータ）ほかをもとにしています。
★地域区分は、国連の区分によっています。

中国（中華人民共和国）

世 万里の長城

- 地 アジア
- 人 14億4,407万人※
- 面 960万km²※
- 言 中国語
- 貨 人民元
- 特 パンダ、中華料理

※ホンコン、マカオ、台湾をふくむ

北朝鮮（朝鮮民主主義人民共和国）

ピョンヤンの街並み

- 地 アジア
- 人 2,518万人※
- 面 12万km²
- 言 朝鮮語
- 貨 ウォン

※2015年の統計による

フィリピン（フィリピン共和国）

世 フィリピン・コルディリェーラの棚田群

- 地 アジア
- 人 1億1,019万人
- 面 30万km²
- 言 フィリピノ語、英語
- 貨 ペソ
- 特 バナナ、ココナッツ

モンゴル（モンゴル国）

世 オルホン渓谷の文化的景観

- 地 アジア
- 人 338万人
- 面 156万km²
- 言 モンゴル語、カザフ語
- 貨 トグログ
- 特 遊牧民

サウジアラビア（サウジアラビア王国）

世 アル＝ヒジュルの考古遺跡

- 地 アジア
- 人 3,411万人
- 面 221万km²
- 言 アラビア語
- 貨 サウジアラビア・リヤル
- 特 原油、聖地メッカ

インド

世 タージ・マハル

- 地 アジア
- 人 13億6,717万人
- 面 329万km²
- 言 ヒンディー語ほか
- 貨 ルピー
- 特 カレー、ガンジス川

南アフリカ（南アフリカ共和国）

世 ケープ植物区保護地域群

- 地 アフリカ
- 人 6,014万人
- 面 122万km²
- 言 英語ほか
- 貨 ランド
- 特 ダイヤモンド、プラチナ

エジプト（エジプト・アラブ共和国）

世 メンフィスとその墓地遺跡

- 地 アフリカ
- 人 1億206万人
- 面 100万km²
- 言 アラビア語
- 貨 エジプト・ポンド
- 特 ピラミッド

カナダ

世 ケベック歴史地区

- 地 北アメリカ
- 人 3,824万人
- 面 998万km²
- 言 英語、フランス語
- 貨 カナダ・ドル
- 特 メープルシロップ

アメリカ（アメリカ合衆国）

世 自由の女神像

- 地 北アメリカ
- 人 3億3,189万人
- 面 983万km²
- 言 英語
- 貨 米ドル
- 特 大豆、大リーグ

どこの国かな？

首都 ブラジリア

どこの国かな？

首都 ブエノスアイレス

どこの国かな？

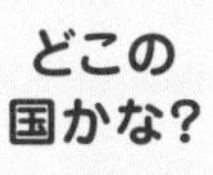

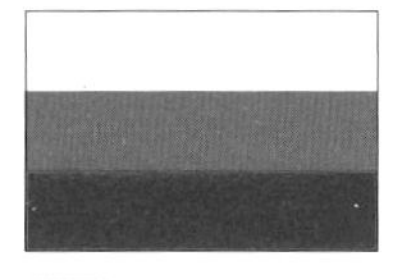

首都 モスクワ

どこの国かな？

首都 ロンドン

どこの国かな？

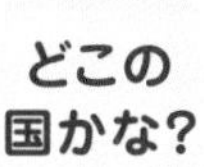

首都 パリ

どこの国かな？

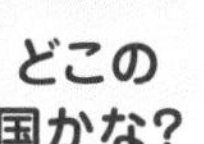

首都 ベルリン

どこの国かな？

首都 キャンベラ

どこの国かな？

首都 ウェリントン

行ってみたい国についてまとめてみよう

国の名前

使用言語

使用通貨

特産品や有名なもの

行ってみたい理由

行ってみたい国についてまとめてみよう

国の名前

使用言語

使用通貨

特産品や有名なもの

行ってみたい理由

行ってみたい国についてまとめてみよう

国の名前

使用言語

使用通貨

特産品や有名なもの

行ってみたい理由

行ってみたい国についてまとめてみよう

国の名前

使用言語

使用通貨

特産品や有名なもの

行ってみたい理由

アルゼンチン（アルゼンチン共和国）

世 イグアス国立公園

- 地 南アメリカ
- 人 4,580万人
- 面 278万km²※
- 言 スペイン語
- 貨 ペソ
- 特 はちみつ、タンゴ

※2016年の統計による

ブラジル（ブラジル[illegible]

世 ブラジリア

- 地 [illegible]
- 人 2億1,33[illegible]人
- 面 851万km²
- 言 ポルトガル語
- 貨 レアル
- 特 コーヒー豆、サッカー

イギリス（グレートブリテンおよび北アイルランド連合王国）

世 ウェストミンスター宮殿

- 地 ヨーロッパ
- 人 6,708万人※
- 面 24万km²
- 言 英語
- 貨 スターリング・ポンド
- 特 医薬品、ラグビー

※2020年の統計による

ロシア（ロシア連邦）

世 サンクトペテルブルク歴史地区

- 地 ヨーロッパ
- 人 1億4,409万人※
- 面 1,710万km²
- 言 ロシア語
- 貨 ルーブル
- 特 ボルシチ、シベリア鉄道

※2015年の統計による

ドイツ（ドイツ連邦共和国）

世 ケルン大聖堂

- 地 ヨーロッパ
- 人 8,315万人
- 面 36万km²
- 言 ドイツ語
- 貨 ユーロ
- 特 タイヤ、ソーセージ

フランス（フランス共和国）

世 モンサンミシェルとその湾

- 地 ヨーロッパ
- 人 6,766万人※
- 面 64万km²※
- 言 フランス語
- 貨 ユーロ
- 特 自動車、ワイン

※仏領ギアナなどをふくむ

ニュージーランド

世 トンガリロ国立公園

- 地 オセアニア
- 人 512万人
- 面 27万km²
- 言 英語、マオリ語
- 貨 ニュージーランド・ドル
- 特 キウイフルーツ

オーストラリア（オーストラリア連邦）

世 ウルル＝カタ・ジュタ国立公園

- 地 オセアニア
- 人 2,573万人
- 面 769万km²
- 言 英語
- 貨 オーストラリア・ドル
- 特 牛肉、コアラ

行ってみたい国の国旗をかいてみよう

国旗の由来や意味をまとめてみよう

行ってみたい国の国旗をかいてみよう

国旗の由来や意味をまとめてみよう

行ってみたい国の国旗をかいてみよう

国旗の由来や意味をまとめてみよう

行ってみたい国の国旗をかいてみよう

国旗の由来や意味をまとめてみよう

もくじ

社会5年

東京書籍版
新しい社会

教科書ぴったりトレーニング

▶ 3分でまとめ動画

せんたく がついているところでは、教科書の選択教材を扱っています。学校での学習状況に応じて、ご利用ください。

【写真提供】
朝日新聞社／アフロ／アマナイメージズ／©OCVB／帯広百年記念館／海津市歴史民俗資料館
河合孝／共同通信社／京都府京都土木事務所／時事通信フォト／PIXTA／幕別町教育委員会

1．わたしたちの国土

1 世界の中の国土①

めあて
世界の主な国々と日本の位置について理解しよう。

教科書 上6～11ページ　答え 2ページ

次の　　　に入る言葉を、下から選びましょう。

1 世界の中の国土

教科書 上8～11ページ

六つの大陸・三つの海洋

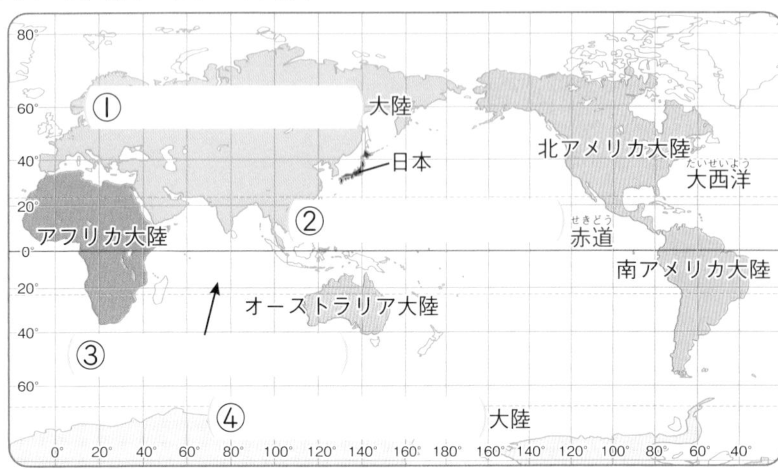

世界全体で見ると、陸地よりも海洋の方が広いよ！

さまざまな国々と国旗

- どの国の**国旗**にも大切な意味や由来がある。

⑤

⑥

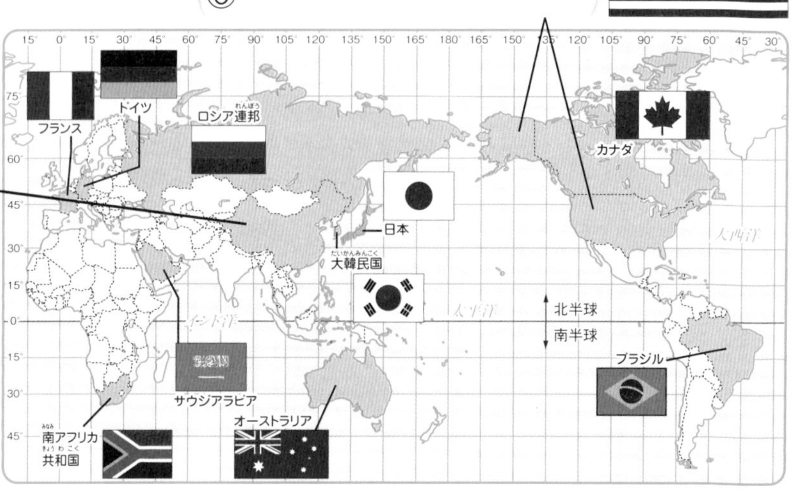

ワンポイント 地球儀の見方・使い方

- 地球儀…きょり・方位などをほぼ正確に表すことができる。
- ⑦　　　　…たての線。イギリスの旧グリニッジ天文台を通る線を0°として、東経と西経をそれぞれ180°まで分ける。
- ⑧　　　　…横の線。**赤道**を0°として、北緯と南緯をそれぞれ90°まで分ける。
- **緯度**と**経度**を使って、地球上での位置を正確に表すことができる。

選んだ言葉に✔

□中華人民共和国	□緯線	□ユーラシア	□太平洋
□アメリカ合衆国	□経線	□インド洋	□南極

ぴったり2

練習

学習日　　月　　日

ぴたトリビア

太平洋、大西洋、インド洋の三つの大きな海洋のことを三大洋とよびます。面積は太平洋、大西洋、インド洋の順に広いです。

教科書　上6～11ページ　答え　2ページ

1 右の世界地図を見て、答えましょう。

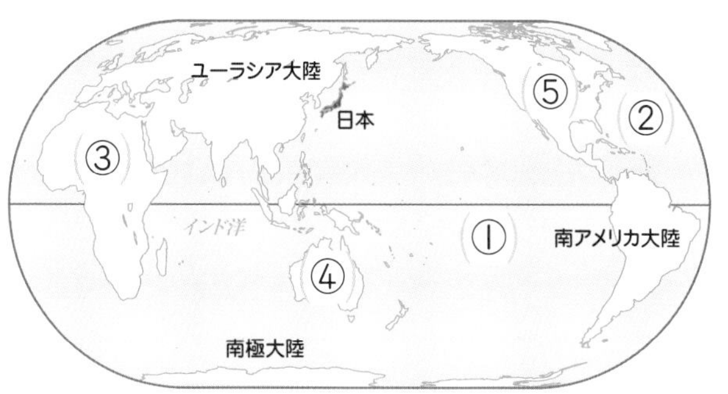

(1) 地図中の①、②の海洋を何といいますか。

①(　　　　) ②(　　　　)

(2) 地図中の③～⑤の大陸を何といいますか。

③(　　　　)大陸

④(　　　　)大陸

⑤(　　　　)大陸

(3) 六つの大陸と三つの海洋の説明について、正しいものには○を、まちがっているものには×をつけましょう。

①(　　) 六つの大陸の中で最も面積が広いのは、南極大陸である。

②(　　) 世界全体で見ると、海洋の方が陸地よりも広い。

2 右の世界地図を見て、答えましょう。

(1) 次の①、②の説明にあう国を、地図からそれぞれ選びましょう。

① 面積が世界最大の国。

② 南アメリカ大陸にある国。

①(　　　　) ②(　　　　)

(2) 次の①～③の国旗は、どの国のものですか。地図からそれぞれ選びましょう。

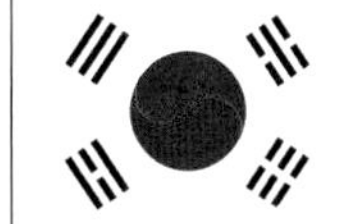

①(　　　　) ②(　　　　) ③(　　　　)

3 右の地球儀の図を見て、答えましょう。

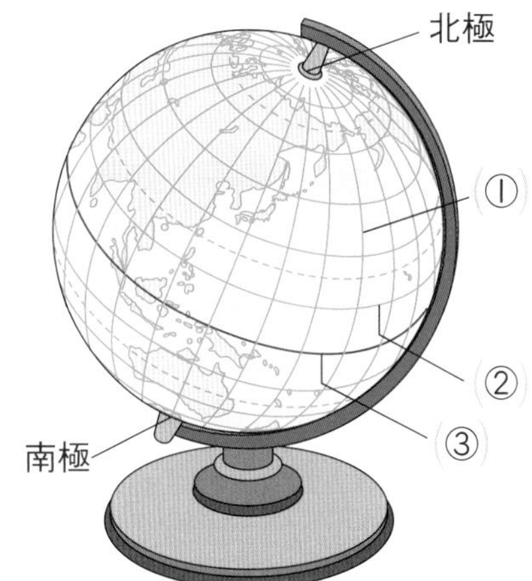

(1) 図中の①、②の線は、地球上の位置を正確に表すための線です。それぞれ何といいますか。

①(　　　　) ②(　　　　)

(2) 図中の③の線を特に何といいますか。

(　　　　)

ヒント 3 (1) ①はたての線、②は横の線です。

ぴったり1 準備

1. わたしたちの国土

1 世界の中の国土②

学習日　月　日

めあて
日本の領土のはんいと、領土をめぐる問題を理解しよう。

教科書 上12～15ページ　答え 3ページ

次の　に入る言葉を、下から選びましょう。

1 多くの島からなる日本

教科書 上12～13ページ

14000以上の島々が連なる日本

- 日本は、太平洋や日本海などの海に囲まれている①（　　　）である。
- 北海道、②（　　　）、四国、九州の四つの大きな島と、多くの島々が南北に連なる。

国土の広がりとまわりの国々

日本のはしにある島

- ③（　　　）…北のはしの島。本州、北海道、九州、四国に次いで大きい。
- ④（　　　）…南のはしの島。海にしずまないようにまわりをコンクリートブロックで囲んでいる。
- ⑤（　　　）…東のはしの島。地震や気象の観測をしている。
- ⑥（　　　）…西のはしの島。台湾に最も近い位置にある。

2 領土をめぐる問題／表にまとめる

教科書 上14～15ページ

ワンポイント　領土・領海・領空

- ⑦（　　　）…その国のもつ陸地と、陸地に囲まれた湖や川などを合わせた範囲。
- **領海**…沿岸から12海里（約22km）までの範囲。
- ⑧（　　　）…**領土**と領海の上空。
- ⑨（　　　）…領海の外側で沿岸から200海里（約370km）までの範囲。

排他的経済水域内の天然資源開発などの権利は沿岸国がもっているよ！

日本固有の領土をめぐる問題

- ⑩（　　　）…歯舞群島、国後島、色丹島、択捉島からなる。現在、ロシア連邦が不法に占領している。
- ⑪（　　　）…現在、韓国が不法に占領している。

- ⑫（　　　）…中国が自国の領土であると主張しているが、日本が有効に支配しており、領土問題は存在しない。

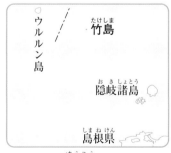

選んだ言葉に✔					
本州	尖閣諸島	与那国島	択捉島	南鳥島	排他的経済水域
領土	北方領土	沖ノ鳥島	島国	竹島	領空

学習日　　月　　日

沖ノ鳥島の排他的経済水域の面積は約40万km²で、日本の面積（約38万km²）を上回ります。そこで、これを守るために護岸工事が行われました。

教科書　上12〜15ページ　　答え　3ページ

1 日本の東西南北のはしの島について、答えましょう。

(1) 次の島の写真とその説明について、あうものを線で結びましょう。

①  ・　　・ 

㋐日本の東のはしにあるさんごしょうの島で、地震や気象の観測をしているそうだよ。

②  ・　　・ 

㋑日本の北のはしにあり、本州、北海道、九州、四国に次ぐ大きさの島だよ。

③  ・　　・ 

㋒日本の南のはしにあり、島のまわりをコンクリートブロックで囲んでしずまないようにしているよ。

(2) 日本の西のはしにある与那国島のおよその経度または緯度を、㋐〜㋓から選びましょう。（　　）

㋐ 東経122度56分　　㋑ 東経153度59分　　㋒ 北緯20度26分　　㋓ 北緯45度33分

2 右の地図を見て、答えましょう。

(1) 地図中の①、②の海を何といいますか。

①（　　　　）　②（　　　　）

(2) 地図中の③の範囲を何といいますか。

（　　　　）

(3) 排他的経済水域の範囲は、沿岸から何海里までですか。㋐〜㋒から選びましょう。（　　）

㋐ 12海里　　㋑ 24海里　　㋒ 200海里

(4) 中国が自国の領土と主張しているが、日本固有の領土である④の諸島を何といいますか。

（　　　　）

120°　130°　140°　150°　160°
40°　30°　20°
日本海
太平洋
北方領土
日本の③
①　②　④
500km

(5) 北方領土の説明について、正しいものには○を、まちがっているものには×をつけましょう。

①（　　）歯舞群島、国後島、西之島、択捉島からなる。

②（　　）現在、ロシア連邦が不法に占領している。

ヒント　1 (2) 緯度は南北の位置、経度は東西の位置を表します。

1．わたしたちの国土

1 世界の中の国土

教科書 上6～15ページ　答え 4ページ

1 次の地図を見て、答えましょう。

1つ3点、(5)5点（38点）

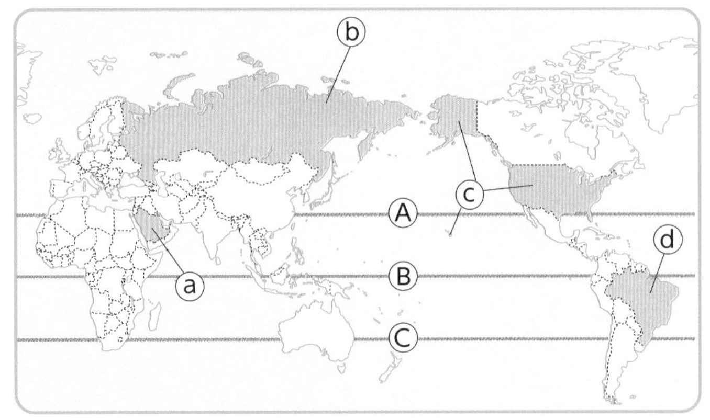

(1) 地図中にはえがかれていない大陸の名前を書きましょう。

（　　　　）

(2) 次の文中の①、②にあう言葉を書きましょう。

①（　　　　）　②（　　　　）

日本は、（①）大陸の東にあって、（②）洋の西にある。

(3) よく出る 地図中のⓐ～ⓓの国の名前を書きましょう。

ⓐ（　　　　）　ⓑ（　　　　）

ⓒ（　　　　）　ⓓ（　　　　）

(4) 地図中のⓐ～ⓓの国の国旗を、㋐～㋓から選びましょう。

ⓐ（　　）　ⓑ（　　）　ⓒ（　　）　ⓓ（　　）

㋐ 　㋑ 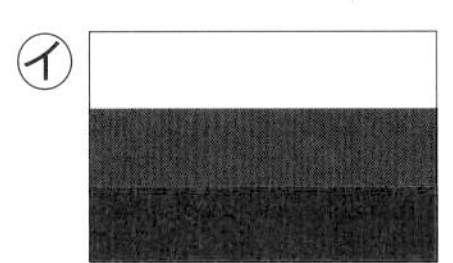　㋒ 　㋓ 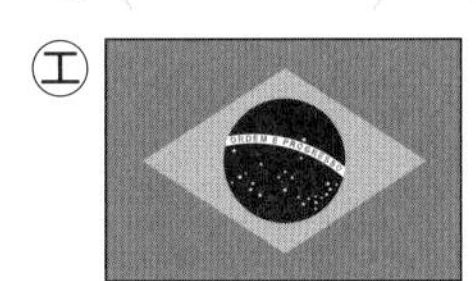

(5) 作図 地図中のⒶ～Ⓒの線のうち、赤道（せきどう）にあてはまる線をなぞりましょう。　技能

2 次の文は、経線（けいせん）と緯線（いせん）の説明です。文中の下線部①～③について、正しいものには○をつけ、まちがっているものには正しい言葉を書きましょう。

1つ4点（12点）

経線は、①フランスの旧（きゅう）グリニッジ天文台を通る線を0°として、東経（とうけい）と西経（せいけい）をそれぞれ②360°まで分けている。緯線は、赤道を0°として、北緯（ほくい）と南緯（なんい）をそれぞれ③90°まで分けている。

①（　　　　）　②（　　　　）　③（　　　　）

3 日本の国土について、答えましょう。

1つ5点、(4)6点（26点）

(1) 次の㋐～㋓について、面積の大きい順にならべかえましょう。

㋐ 北海道　㋑ 本州　㋒ 九州　㋓ 四国

（　→　→　→　）

(2) 次の文中の①、②にあう数字を整数で書きましょう。

日本はまわりを海に囲まれた島国であるため、海岸線の長さが長い。海岸から ① 海里までの領海の面積は、領土の面積である約 ② 万km²よりも広い。

①（　）②（　）

(3) 日本の北のはしにある択捉島の位置を、㋐～㋓から選びましょう。（　）

㋐ 北緯24度27分、東経122度56分　㋑ 北緯20度26分、東経136度4分

㋒ 北緯24度17分、東経153度59分　㋓ 北緯45度33分、東経148度45分

記述 (4) できたらスゴイ! 右の写真は、日本の南のはしにある沖ノ鳥島です。この島では、水ぼつを防ぐための護岸工事が行われました。沖ノ鳥島が水ぼつするとどのような問題が起こりますか。かんたんに書きましょう。

思考・判断・表現

（　）

4 次の地図を見て、答えましょう。

1つ4点（24点）

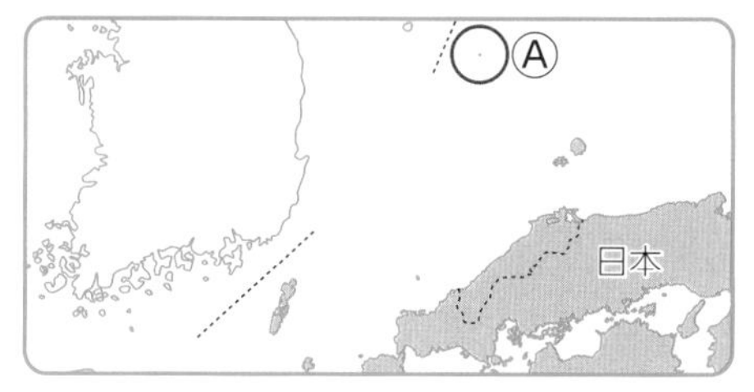

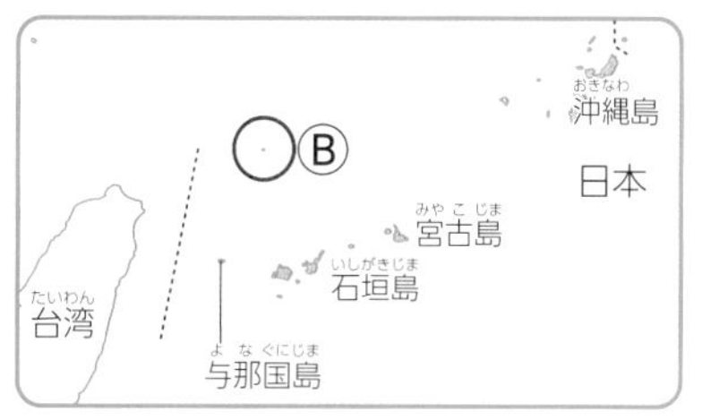

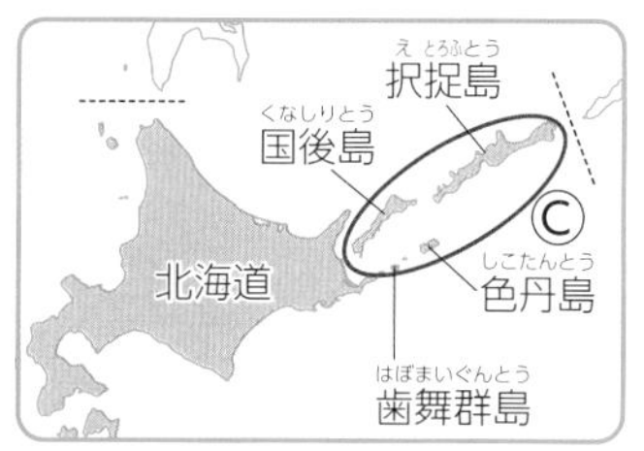

(1) よく出る 地図中のⒶ～Ⓒの地域は、日本固有の領土です。Ⓐ～Ⓒの地域の名前を書きましょう。

Ⓐ（　）Ⓑ（　）Ⓒ（　）

(2) 地図中のⒶ～Ⓒの地域の説明を、㋐～㋒から選びましょう。

Ⓐ（　）Ⓑ（　）Ⓒ（　）

㋐ 日本が有効に支配しているが、中国が自国の領土であると主張している。

㋑ 現在、ロシア連邦によって不法に占領されている。

㋒ 現在、韓国によって不法に占領されている。

ふりかえり ❷がわからないときは、2ページの❶にもどって確認してみよう。

ぴったり1 準備

3分でまとめ

1．わたしたちの国土

2 国土の地形の特色

学習日　月　日

めあて
日本の主な山地・山脈、平野、川の名前と位置を理解しよう。

教科書 上16～21ページ　答え 5ページ

次の　　　に入る言葉を、下から選びましょう。

1 空から見た国土／国土のさまざまな地形／日本の川や湖の特色／白地図にまとめる　教科書 上16～21ページ

山地や平地の特色

- 日本の国土のおよそ４分の３は**山地**で、平らな土地である（①　　　　）は少ない。
- 山地や島などには、地下の溶岩などが吹き出してできた（②　　　　）が多く見られ、噴火することもある。

山地	山脈	連続して細長く連なっている山地
	高地	山がはば広く連なる山地
	高原	標高は高いが、平らに広がる土地
	丘陵	あまり高くなく、小さな山が続く地形
平地	平野	海に面している平地
	盆地	山に囲まれている平地
	台地	まわりより高くて平らになっている地形

山地と平地の種類

川や湖の特色

- 日本の川は、世界の川と比べると、高いところから流れていて、流れが急で（③　　　　）。
- （④　　　　）…日本でいちばん大きい湖。

琵琶湖（滋賀県）	669.3km²
霞ケ浦（茨城県）	168.2km²
カスピ海	374000.0km²

日本と世界の主な湖の面積［理科年表2023年］

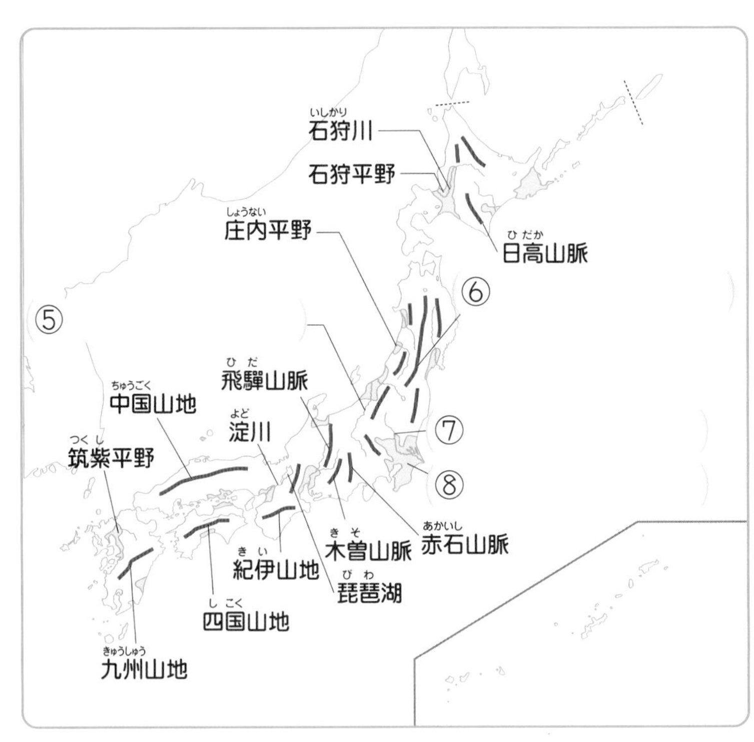

日本でいちばん広い平野は関東平野、いちばん長い川は信濃川だよ！

選んだ言葉に✓				
	□関東平野	□信濃川	□琵琶湖	□火山
	□奥羽山脈	□利根川	□平地	□短い

学習日　月　日

本州の中央部にある飛驒山脈・木曽山脈・赤石山脈を合わせて日本アルプスとよびます。高さ3000mぐらいのけわしい山々が連なっています。

教科書　上16～21ページ　答え　5ページ

1 さまざまな地形について、答えましょう。

(1) 地下の溶岩などが噴き出してできた、噴火することのある山を何といいますか。

( )

(2) 次の説明にあう地形を[　]から選びましょう。

① ( )…あまり高くなく、小さな山が続いている地形。
② ( )…連続して細長く連なっている山地。
③ ( )…山に囲まれている平地。

山脈　高地　高原　丘陵　盆地　台地

(3) 日本の地形の説明について、正しいものには○を、まちがっているものには×をつけましょう。

① ( ) 日本は、国土の４分の３が平地である。
② ( ) 日本でいちばん長い川は、利根川である。
③ ( ) 日本の川は、外国の川に比べて流れがゆるやかで長い。
④ ( ) 日本で２番目に大きい湖は、霞ヶ浦である。

2 右の地図を見て、答えましょう。

(1) 地図中の①～③の山脈・山地を何といいますか。

① ( )
② ( )
③ ( )

(2) 地図中の④～⑥の平野を何といいますか。

④ ( )
⑤ ( )
⑥ ( )

(3) 地図中の⑦の川、⑧の湖を何といいますか。

⑦ ( )
⑧ ( )

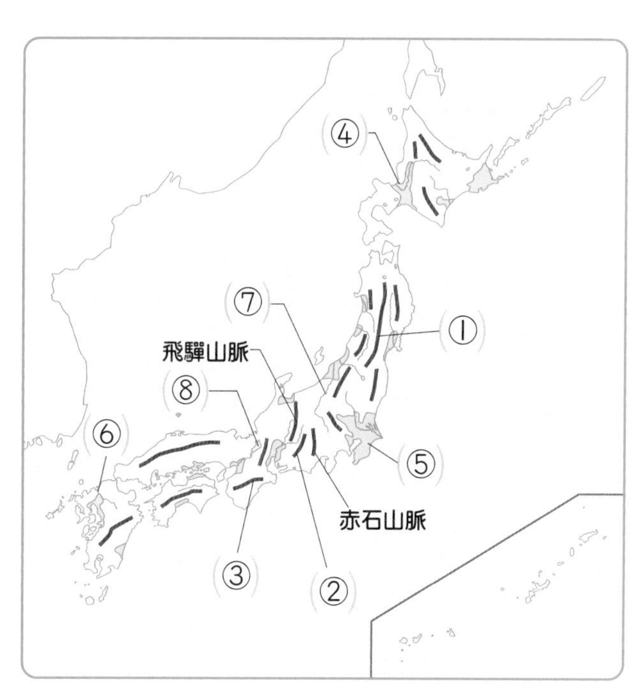

ヒント
2 (2)⑤ 日本でいちばん広い平野です。
2 (3)⑧ 日本でいちばん大きい湖です。

1．わたしたちの国土

2 国土の地形の特色

教科書 上16～21ページ　答え 6ページ

1 右の図を見て、答えましょう。

1つ4点、(2)9点（25点）

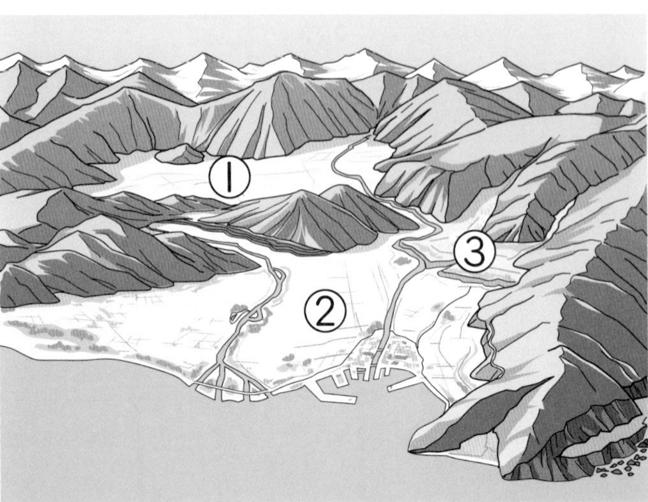

(1) よく出る 図中の①～③の地形を何といいますか。

①（　　　　）
②（　　　　）
③（　　　　）

記述 (2) できたらスゴイ！ ①と②の地形はどちらも平地にふくまれますが、どこにちがいがありますか。「山」「海」という言葉を使って、かんたんに書きましょう。

思考・判断・表現

（　　　　　　　　　　　　　　　　　　）

(3) 日本の国土のうち、山地はどれくらいをしめますか。㋐～㋒から選びましょう。（　　）

㋐ 2分の1　㋑ 3分の2　㋒ 4分の3

2 次の問いに答えましょう。

1つ5点（20点）

(1) 日本の国土に関する次の会話を読んで、正しいものには○を、まちがっているものには×をつけましょう。

①（　　）

日本の中心には、せぼねのように高い山脈（さんみゃく）が連なっているよ。

②（　　）

日本の火山は、特に平地に多く見られるよ。

(2) 次の文中の①、②にあう言葉を書きましょう。

火山は、地下の（①）などが噴（ふ）き出してできた山のことである。火山が（②）すると、地形が変化することもある。

①（　　　　）　②（　　　　）

3 右の地図を見て、答えましょう。

1つ4点（40点）

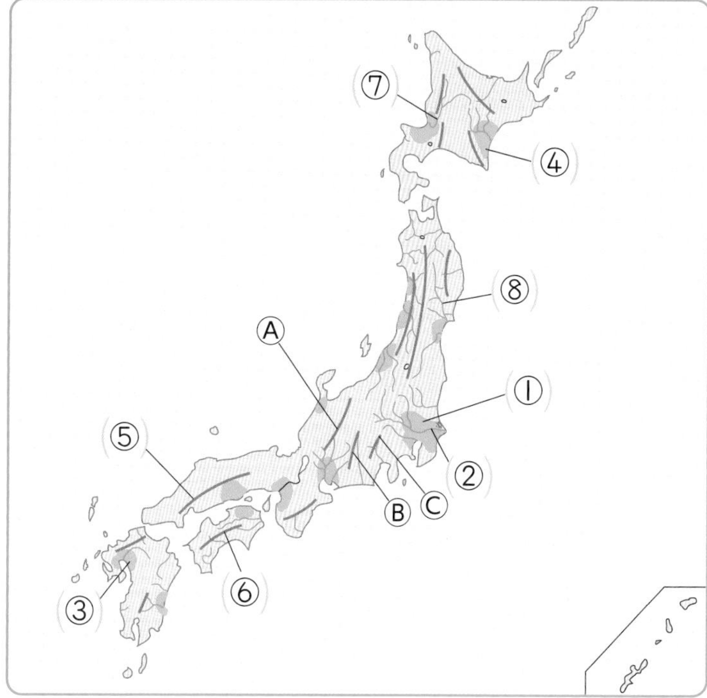

(1) よく出る 地図中の①の日本でいちばん広い平野と、①の平野を流れる②の川を何といいますか。

①（　　　）
②（　　　）

(2) 地図中の③、④の平野を何といいますか。

③（　　　）
④（　　　）

(3) 地図中の⑤、⑥の山地を何といいますか。

⑤（　　　）
⑥（　　　）

(4) 地図中の⑦、⑧の川を、㋐～㋓から選びましょう。

⑦（　　　）　⑧（　　　）

㋐ 石狩川（いしかり）　㋑ 北上川（きたかみ）　㋒ 四万十川（しまんと）　㋓ 最上川（もがみ）

(5) 地図中のⒶ～Ⓒにあう山脈の組み合わせとして正しいものを、㋐・㋑から選びましょう。

（　　　）

㋐ Ⓐ飛驒山脈（ひだ）　Ⓑ木曽山脈（きそ）　Ⓒ赤石山脈（あかいし）
㋑ Ⓐ赤石山脈　Ⓑ飛驒山脈　Ⓒ木曽山脈

(6) 信濃川（しなの）が流れる道県を、㋐～㋒から選びましょう。　**思考・判断・表現**

（　　　）

㋐ 群馬県（ぐんま）　㋑ 新潟県（にいがた）　㋒ 北海道（ほっかいどう）

4 右のグラフを見て、答えましょう。

(1)10点、(2)5点（15点）

記述 (1) できたらスゴイ! 世界の川に比べて（くら）、日本の川にはどのような特ちょうがありますか。グラフから読み取り、次の言葉に続く形でかんたんに書きましょう。

思考・判断・表現

日本の川は世界の川に比べて、

（　　　）

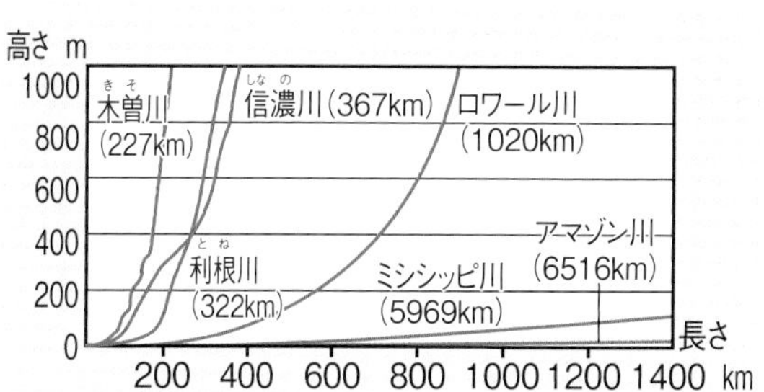

日本と世界の主な川の長さとかたむき

(2) 琵琶湖（びわこ）はどこにありますか。都道府県名を書きましょう。

（　　　）

ふりかえり ④(1)がわからないときは、8ページの1にもどって確認（かくにん）してみよう。

1．わたしたちの国土

3 低い土地のくらし

学習日　　月　　日

めあて
低地でくらす人々の、水害からくらしを守るくふうを理解しよう。

教科書 上22～31ページ　答え 7ページ

次の　　に入る言葉を、下から選びましょう。

1 堤防に囲まれた土地／水害とたたかってきた人々

教科書 上22～27ページ

岐阜県海津市の地形

- 木曽川、長良川、①　　　　の三つの大きな川の下流にある。
- 川と川にはさまれた土地の多くは海面の高さ（0m）より低く、**堤防**に囲まれた土地は②　　　　とよばれる。

家よりも高く石垣を組んだ。

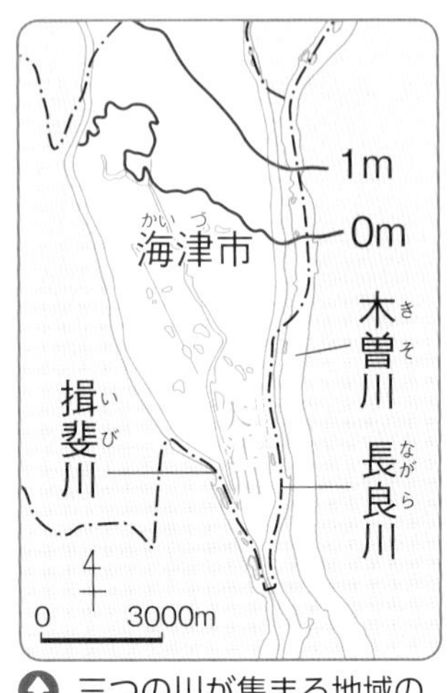

三つの川が集まる地域の土地の高さ

水害とのたたかい

- 堤防を築き、少しでも高い土地に家を建てたり、こう水で家があぶないときに家族がひなんするための③　　　　を建てたりした。
- 川の流れや水路などを改良する④　　　　工事を行った。
- 大型の⑤　　　　をつくり、輪中の内側に水がたまる前に外に流し出した。
- 水防演習を行ったり、⑥　　　　を備えたりして、水害の防止に努めている。

2 豊かな水を生かした農業／水を生かした生活／ノートにまとめる

教科書 上28～31ページ

排水と農作業

- 水が豊かな輪中では、昔から⑦　　　　が行われてきたが、昔は排水が十分にできていなかった。
- 田の広さや形を整える工事を始め、水路を⑧　　　　ことで、機械を使った農業ができるようになった。水はけがよくなり、米だけでなく、野菜や果物なども生産されている。

うめ立て前と後の水田の様子

（撮影者：河合 孝）

水を生かした生活

- 岐阜県には、となり合う愛知県、三重県とともに、木曽川、長良川、揖斐川や⑨　　　　の自然を生かした施設がある。
- 海津市では、輪中内の池や川をヨットの練習場やつりの施設などにも利用し、⑩　　　　にも力を入れている。

河川じき
治水工事で川の流れが整えられて岸辺にできた、ふだんは川の水が流れていない平らな土地。

選んだ言葉に✔

□河川じき	□排水機場	□水防倉庫	□治水	□観光
□うめ立てた	□水屋	□揖斐川	□稲作	□輪中

学習日　　月　　日

ぴたトリビア

海津市では、揚水機場でくみ上げられた水を、地下にはりめぐらせたパイプを使って田や畑に送っています。これをパイプラインといいます。

教科書　上22～31ページ　答え　7ページ

1 岐阜県海津市の輪中地帯について、答えましょう。

(1) 次の図は、海津市の土地を横から見たものです。図中の①、②を何といいますか。

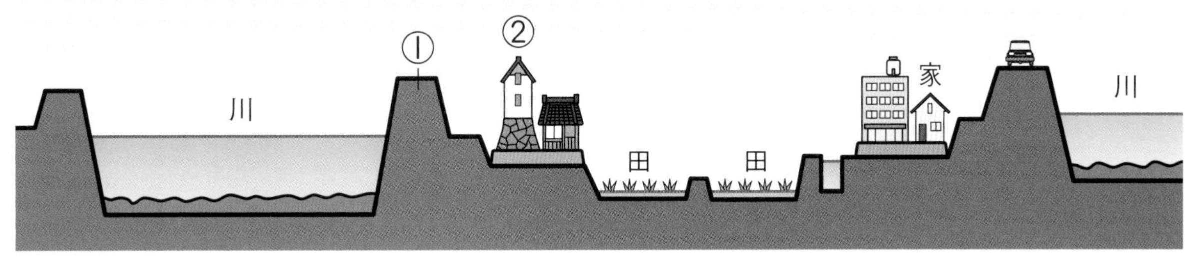

①(　　　　　　)　②(　　　　　　)

(2) 次の文中の①、②にあう言葉を書きましょう。

> 海津市の輪中では、明治時代にオランダの技師ヨハネス・デレーケが行った調査の報告をもとに、大規模な ① 工事が行われた。工事は25年ほどかかり、80ほどあった輪中は30ほどにまとめられた。それからこう水などの ② の心配も少なくなった。

①(　　　　　　)　②(　　　　　　)

2 右の地図を見て、答えましょう。

(1) 地図中の①～④にあう言葉を［　　］から選びましょう。

①(　　　　　　)　②(　　　　　　)
③(　　　　　　)　④(　　　　　　)

木曽川　揖斐川　排水路　排水機場

(2) 地図のように輪中を整備したことによる変化の説明について、正しいものには○を、まちがっているものには×をつけましょう。

①(　　) 必要なときに必要な量の水が使えるようになった。
②(　　) 大雨でも輪中の内側に水がたまりにくくなった。
③(　　) 田植えや稲かりを手作業で行うようになった。
④(　　) 野菜が生産できなくなった。
⑤(　　) 輪中内の池や川が、ヨットの練習場やつりの施設として利用できるようになった。

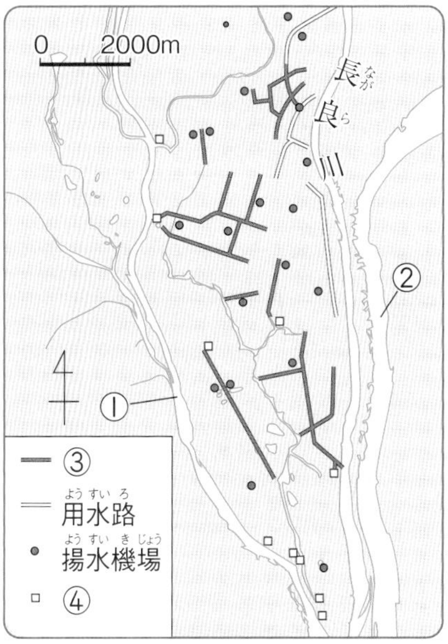

0　2000m
長良川
①
②
③
用水路
揚水機場
④

海津市の用水路と排水路

ヒント
1 (1)① こう水や高波などから、人々のくらしを守るための構造物です。
2 (2)④ 輪中の整備により、輪中の水はけがよくなりました。

ぴったり3 確かめのテスト

せんたく

1．わたしたちの国土

3 低い土地のくらし

教科書 上22〜31ページ　答え 8ページ

1 右の地図は、岐阜県海津市の様子を表しています。これを見て、答えましょう。

1つ6点、⑷10点（52点）

⑴ 地図中のⒶ〜Ⓒにあう川の組み合わせとして正しいものを、㋐〜㋒から選びましょう。

（　　　）

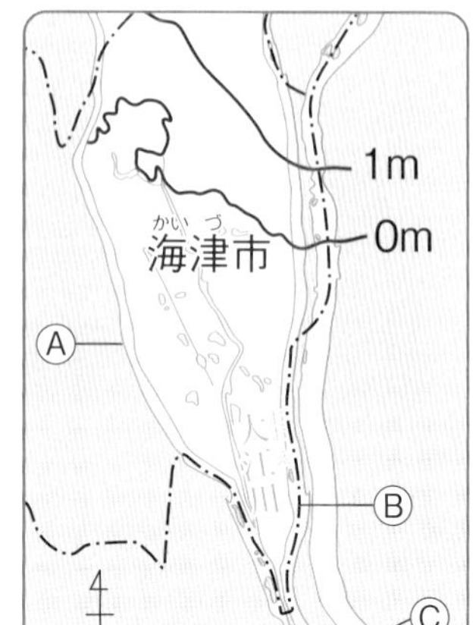

㋐ Ⓐ長良川　Ⓑ木曽川　Ⓒ揖斐川
㋑ Ⓐ木曽川　Ⓑ揖斐川　Ⓒ長良川
㋒ Ⓐ揖斐川　Ⓑ長良川　Ⓒ木曽川

⑵ よく出る 次の文中の下線部①〜③について、正しいものには○をつけ、まちがっているものには正しい言葉を書きましょう。

地図の地域は、三つの大きな川にはさまれているため、海面の高さよりも①高い土地が多く、こう水が起きやすい。人々は、昔から、力を合わせて家や田のまわりを②堤防で囲み、水害からくらしを守ってきた。囲まれた土地は「③河川じき」とよばれる。

①（　　　）　②（　　　）　③（　　　）

⑶ 右の絵の建物を何といいますか。

（　　　）

記述 ⑷ ⑶の建物は、どのような目的で、どのようなつくりになっていますか。「こう水」「家」という言葉を使って、かんたんに書きましょう。

思考・判断・表現

（　　　）

⑸ 水害を防止するために海津市が市民と協力して行っていることを、㋐〜㋓から2つ選びましょう。

思考・判断・表現

（　　　）（　　　）

㋐ 千本松原を低くする。
㋑ ボートの大会を行う。
㋒ 水防演習を行う。
㋓ 水防倉庫を備える。

2 次の写真は、うめ立て前の水田と、うめ立て工事後の水田の様子です。これを見て、答えましょう。

1つ6点、⑵12点（30点）

㋐昔　　㋑今

⑴　次の文中の①～③にあう言葉を、㋐～㋕から選びましょう。

> 昔は沼（ぬま）のような田が広がり、かり取った稲（いね）を（①）で運んでいた。1948年から、田の（②）や形を整える工事を始め、1954年からは田と田の間の（③）をうめ立てるようになった。

㋐　自動車　　㋑　農道　　㋒　水路　　㋓　舟（ふね）　　㋔　重さ　　㋕　広さ

①（　　）②（　　）③（　　）

記述 ⑵ できたらスゴイ！ 昔と今では、農業はどのように変化しましたか。「手作業」という言葉を使って、かんたんに書きましょう。　**思考・判断・表現**

（　　　　　　　　　　　　　　　　）

3 右の図を見て、答えましょう。

1つ6点（18点）

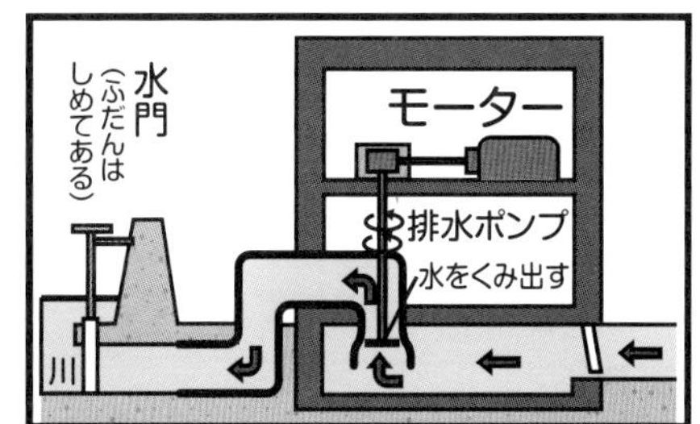

⑴　右の図は、水を内側から外に流し出すための施設（しせつ）です。この施設を何といいますか。

（　　　　）

⑵　⑴の施設ができたことで、海津市の農業にどのような変化がありましたか。㋐～㋒から選びましょう。　**思考・判断・表現**

（　　）

㋐　稲作（いなさく）はさかんではなくなった。
㋑　野菜や果物（くだもの）を生産できるようになった。
㋒　水不足になやまされるようになった。

⑶　海津市の人々は、豊かな水をどのように生活に生かしていますか。㋐～㋒から選びましょう。　**思考・判断・表現**

（　　）

㋐　川の自然を生かした施設で、レクリエーションを楽しんでいる。
㋑　川の自然を守るため、川でつりをすることを禁止している。
㋒　パイプラインをつくり、ヨットの練習場に利用している。

ふりかえり　3⑵がわからないときは、12ページの2にもどって確認（かくにん）してみよう。

せんたく

1. わたしたちの国土

3 高い土地のくらし

学習日　　月　　日

めあて
高原のすずしい気候を生かした産業のくふうを理解しよう。

教科書 上32〜41ページ　答え 9ページ

次の（　　）に入る言葉を、下から選びましょう。

1 山のすそ野に広がる高原／あれ地を耕し広い畑に

教科書 上32〜35ページ

✪ 群馬県嬬恋村の地形や気候

- 高さが主に1000m以上の高原にあるため、１年を通して東京よりも平均気温が（①　　　　）。
- 浅間山の噴火による溶岩と（②　　　　）が積もってできた、栄養分の少ない土地が広がる。

℃ 30 20 10 0 −10　1月2 3 4 5 6 7 8 9 10 11 12　東京　嬬恋村　［気象庁資料］

嬬恋村と東京の月別平均気温

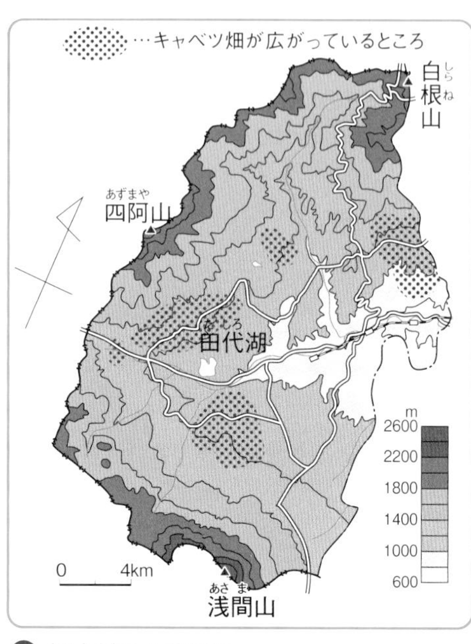

嬬恋村の土地利用

✪ 嬬恋村のキャベツづくり

- 土地がやせていて農業には適していなかったが、明治時代の終わりごろから、夏でも（③　　　　）気候を生かして、（④　　　　）のキャベツづくりが始められた。
- トラックが入れるように村の道を全て舗装して、それまでは馬で行っていた畑からの出荷の時間を（⑤　　　　）できるようにした。

2 夏に新鮮なキャベツをとどける／自然のめぐみを生かす／ノートにまとめる

教科書 上36〜39ページ

ワンポイント　促成さいばい・抑制さいばい

- （⑥　　　　）…ふつうよりも収穫時期を早めること。
- （⑦　　　　）…ふつうよりも収穫時期をおそくすること。

✪ 新鮮なキャベツをとどけるくふう

- すずしい気候を生かして、ほかの産地の生産が少ない夏から秋に収穫する**抑制さいばい**により、（⑧　　　　）価格で売ることができる。
- 何回かに分けて種まきすることで、長い期間収穫ができるようにしている。

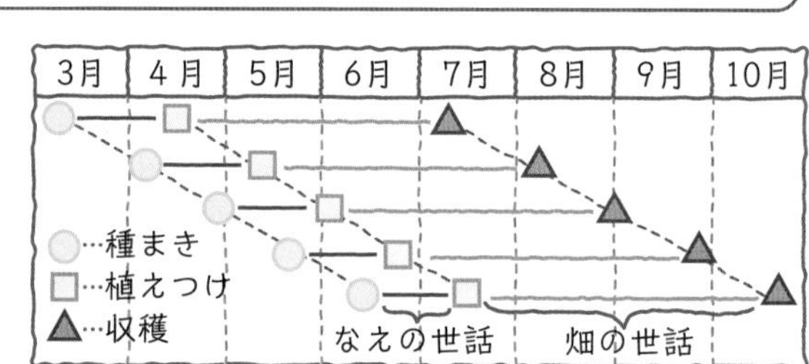

嬬恋村のキャベツごよみ

✪ 自然や気候を生かした生活

- 夏はスポーツ合宿や別荘、冬はスキーやスケートなど、（⑨　　　　）業がさかん。

収穫したキャベツは予冷庫で一度冷やしてから、低温輸送車で運ぶよ！

選んだ言葉に✓					
	□抑制さいばい	□高原野菜	□短しゅく	□高い	□観光
	□促成さいばい	□すずしい	□火山灰	□低い	

学習日　　月　　日

主に7～10月に出荷される夏秋キャベツは、全国の生産量の約半数が群馬県で生産されています。

教科書　上32～41ページ　答え　9ページ

1 群馬県嬬恋村の地形や気候について、答えましょう。

(1) 嬬恋村の南にある山を何といいますか。 (　　　　　)

(2) 嬬恋村の説明について、正しいものには○を、まちがっているものには×をつけましょう。

① (　　) 高さが2000mをこえる山の頂上に位置している。

② (　　) 1年を通して東京よりも平均気温が低い。

③ (　　) 溶岩と火山灰が積もってできた、栄養分の多い土地が広がっている。

④ (　　) なだらかな斜面にキャベツ畑が広がっている。

2 次のグラフは、季節ごとのキャベツの産地を表しています。これを見て、答えましょう。

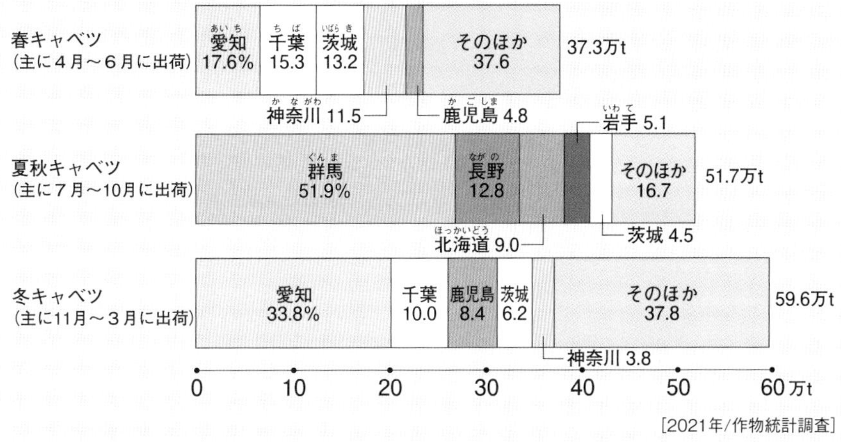

(1) 嬬恋村のある群馬県でキャベツが7～10月に出荷される理由について説明した次の文の、｛　｝の中の正しい言葉を◯で囲みましょう。

> ①｛愛知・長野｝県や千葉県などの夏は②｛暑い・すずしい｝ため、この時期にキャベツの出荷量は③｛増える・減る｝。一方、嬬恋村の夏は④｛暑い・すずしい｝ため、この時期にキャベツを収穫でき、⑤｛高い・安い｝価格でキャベツを売ることができる。

(2) 群馬県や長野県で行われている、ふつうよりも収穫時期をおそくするさいばい方法を何といいますか。

(　　　　　)

(3) キャベツがいたまないように全国に運ぶためのくふうを、㋐～㋒から選びましょう。 (　　)

㋐ 収穫したらすぐにトラックで運ぶ。

㋑ 予冷庫で冷やしてから、低温輸送車で運ぶ。

㋒ 予冷庫に入れたまま、馬で運ぶ。

ヒント　2 (1)③⑤　出荷量が増えると価格は安くなり、出荷量が減ると価格は高くなります。

せんたく

1. わたしたちの国土

3 高い土地のくらし

時間 30 分

／100

合格 80 点

教科書 上32〜41ページ　答え 10ページ

1 よく出る 群馬県嬬恋村の気候や土地利用について、右のグラフと地図から読み取れるものには○を、読み取れないものには×をつけましょう。

技能 1つ5点（20点）

① (　　) 嬬恋村は、年間を通して東京よりも平均気温が低いね。

② (　　) 嬬恋村は夏の降水量が東京よりも少ないよ。

③ (　　) 嬬恋村のまわりには、高さが2000mをこえる山が複数あるね。

④ (　　) 高さが1000～1400mくらいの地域にキャベツ畑が広がっているところがあるね。

嬬恋村と東京の月別平均気温

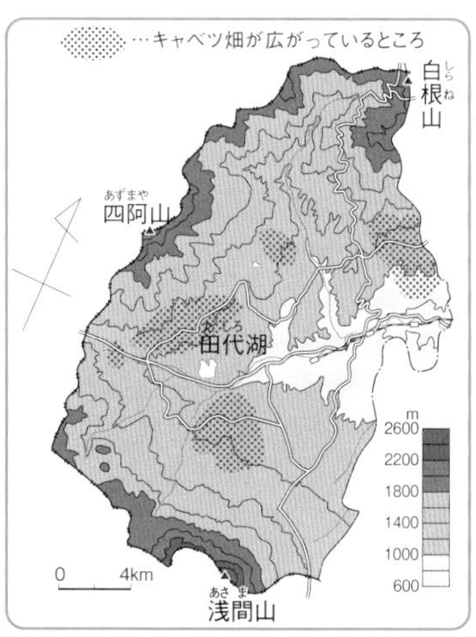

嬬恋村の土地利用

2 嬬恋村のキャベツづくりについて、答えましょう。

1つ6点、(1)12点（30点）

記述 (1) この土地はもともと、農業に適していませんでした。その理由を、「栄養分」という言葉を使って、かんたんに書きましょう。

思考・判断・表現

(　　　　　　　　　　　　　　　　)

(2) 嬬恋村のキャベツのように、夏でもすずしい気候を生かしてさいばいされる野菜を何といいますか。

(　　　　)

(3) (2)には、キャベツのほかにどのような野菜がありますか。㋐～㋒から選びましょう。

㋐ きゅうり　㋑ だいこん　㋒ はくさい

(　　)

(4) 嬬恋村の人々は、キャベツづくりでどのようなくふうや努力をしてきましたか。㋐～㋒から選びましょう。

思考・判断・表現

(　　)

㋐ 排水機場をつくって、水はけの悪い土地を水はけのよい土地に変えた。

㋑ トラックが入れるように村の道を全て舗装し、畑からの出荷の時間を短しゅくした。

㋒ キャベツがいたまないように、種まきから収穫まで全て人の手で作業した。

3 次のグラフは、季節ごとのキャベツの産地を表しています。これを見て、答えましょう。

1つ6点、(3)11点（35点）

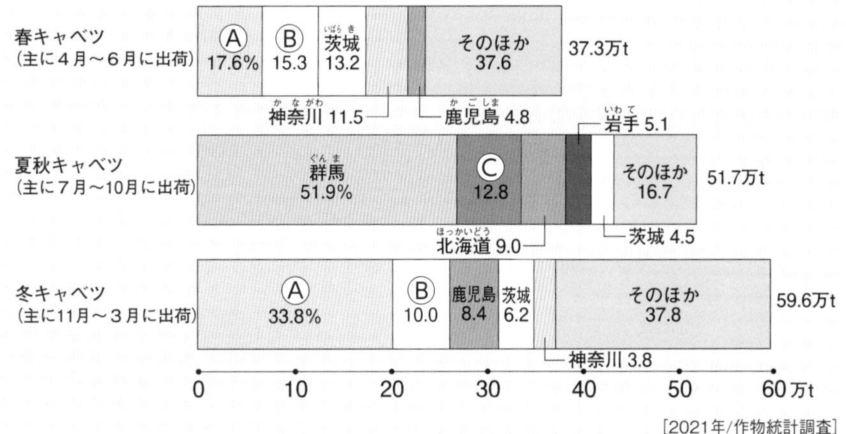

(1) グラフ中のⒶ～Ⓒにあう県を［　　］から選びましょう。

Ⓐ（　　　）　Ⓑ（　　　）　Ⓒ（　　　）

(2) グラフ中の群馬県で行われている、ふつうよりも収穫時期をおそくするさいばい方法を何といいますか。

（　　　）

記述 (3) できたらスゴイ! グラフ中の群馬県は、夏秋キャベツの出荷量が多いです。夏にキャベツを出荷すると、どのような利点がありますか。「ほかの産地」という言葉を使って、かんたんに書きましょう。　**思考・判断・表現**

（　　　）

4 右のグラフは、嬬恋村をおとずれた観光客数を表しています。これを見て、答えましょう。

1つ5点（15点）

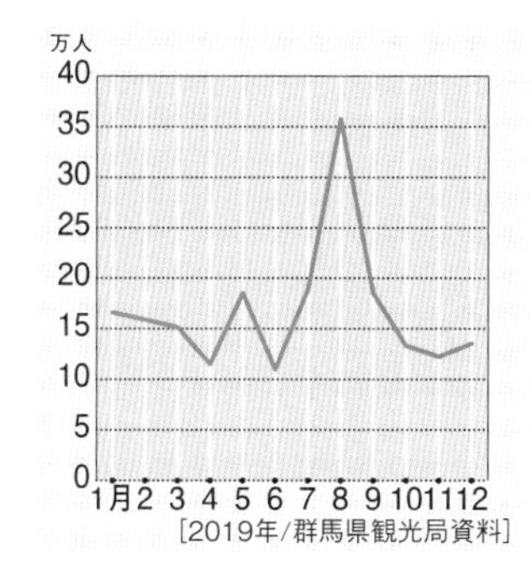

(1) 最も観光客数が多い月は何月ですか。㋐～㋒から選びましょう。　**技能**

（　　　）

㋐ 5月　㋑ 6月　㋒ 8月

(2) 最も多い月の観光客数は、最も少ない月の観光客数の約何倍ですか。㋐～㋒から選びましょう。　**技能**

（　　　）

㋐ 約2倍　㋑ 約3倍　㋒ 約5倍

(3) 観光客数が最も多い月には、人々はどのような目的で嬬恋村をおとずれていると考えられますか。㋐～㋒から選びましょう。　**思考・判断・表現**

（　　　）

㋐ スポーツ合宿　㋑ スキー　㋒ スノーボード

ふりかえり　❷(1)がわからないときは、16ページの❶にもどって確認してみよう。

1．わたしたちの国土

4 国土の気候の特色

学習日　　月　　日

めあて

日本各地の気候の特色を理解しよう。

教科書　上42〜47ページ　答え　11ページ

次の（　　）に入る言葉を、下から選びましょう。

1 四季の変化がある日本の気候／つゆと台風、季節風　教科書　上42〜45ページ

日本の気候の特色

- （①　　　　　）の変化が見られることが、日本の**気候**の大きな特色である。
- ６月の中ごろから７月ごろにかけては、雨が多くふる（②　　　　　）の時期となる。
- 夏から秋にかけては（③　　　　　）が日本をおそい、特に沖縄や九州、四国地方は被害が多い。

夏と冬でふく方向が変わる風

- 夏は南東（太平洋）から（④　　　　　）がふき、太平洋側に多くの雨をふらせる。
- 冬は北西（ユーラシア大陸）から**季節風**がふき、日本海をわたるときに水分をたくさんふくみ、山地にぶつかって日本海側に多くの雪をふらせる。太平洋側では晴れる日が多い。

季節風のえいきょう

2 グラフを読み取る／地域によってことなる気候／キーワードでまとめる　教科書　上46〜47ページ

各地の気候の特色

- 日本は南北に細長いため、北と南で大きく気候がことなる。
- 北海道の気候（A）…冬が長く、寒さがきびしい。
（⑤　　　　　）はほかの地域よりも少ない。
- （⑥　　　　　）の気候（B）…冬にたくさん雪がふる。
- （⑦　　　　　）の気候（C）…夏と冬の**気温**差が大きく、一年を通じて降水量が少ない。
- （⑧　　　　　）の気候（D）…夏や秋によく雨がふる。
- （⑨　　　　　）の気候（E）…太平洋側の気候と似ているが、降水量がやや少ない。
- 南西諸島の気候（F）…気温が高く、雨が多い。冬でもあたたかい。

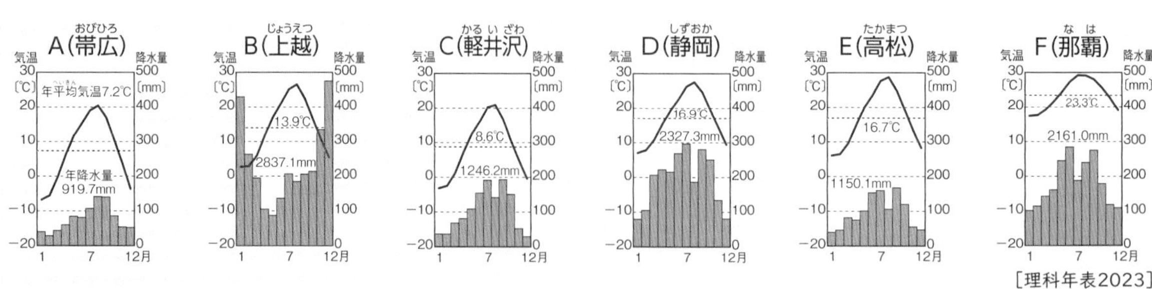

日本の各地の気候

選んだ言葉に☑

四季	中央高地	瀬戸内	台風	降水量
季節風	日本海側	太平洋側	つゆ	

ぴったり2 練習

学習日　　月　　日

ぴたトリビア

日本海側では、夏に、風が山をこえてふきおりる風下側のふもとで、かんそうして気温が高くなるフェーン現象(げんしょう)が発生することがあります。

教科書 上42〜47ページ　答え 11ページ

1 右の図を見て、答えましょう。

(1) 図中の①〜④にあう言葉を［　］から選びましょう。

①（　　）　②（　　）
③（　　）　④（　　）

かわいた風　しめった風
太平洋　日本海

季節風のえいきょう

(2) 6月の中ごろから7月ごろにかけて雨が多くふる時期のことを何といいますか。

（　　）

2 次のグラフは、上越(じょうえつ)と静岡(しずおか)の気温と降水量を表しています。これを見て、答えましょう。

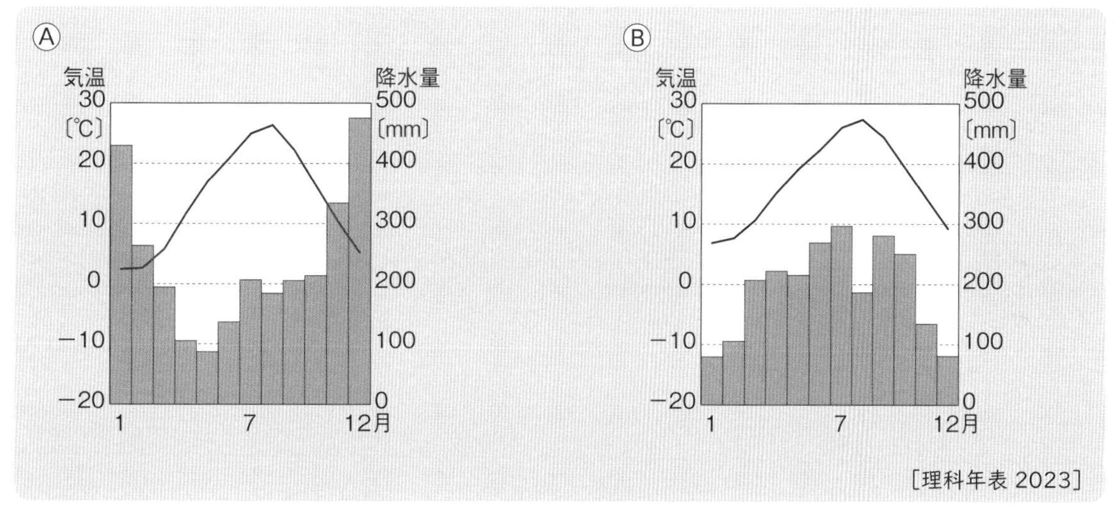

(1) 次の文中の①〜③にあう言葉を、㋐〜㋓から選びましょう。

（①）グラフから読み取ると、Ⓐは冬の降水量が（②）なっており、Ⓑは（③）なっている。

㋐ 折れ線　㋑ ぼう　㋒ 多く　㋓ 少なく

①（　　）②（　　）③（　　）

(2) ⒶとⒷは、太平洋側と日本海側のどちらの気候の特色を表していますか。

Ⓐ（　　）の気候
Ⓑ（　　）の気候

(3) Ⓐの冬の降水量にえいきょうをあたえる季節風の風向きを書きましょう。

（　　）

ヒント
2 (1)① 折れ線グラフは気温、ぼうグラフは降水量を表しています。
2 (3) 季節風は、夏は南東から、冬は北西からふきます。

1．わたしたちの国土

4 国土の気候の特色

教科書 上42～47ページ　答え 12ページ

1 日本の気候について、答えましょう。

1つ4点（28点）

(1) 次の写真は、3月の日本各地の様子です。①～④の風景が見られる地域を、㋐～㋓から選びましょう。

①（　　）
②（　　）
③（　　）
④（　　）

①

スキー場

②

桜

③

海開き

④

流氷

㋐ 北海道知床半島
㋑ 沖縄県糸満市
㋒ 山形県蔵王
㋓ 大阪府大阪市

(2) よく出る 次の文中の①～③にあう言葉を書きましょう。

> 日本の気候の大きな特色は、（①）の変化が見られることである。6月の中ごろから7月ごろにかけては（②）となり、雨が多くふるが、北海道は（②）のえいきょうが小さい。夏から秋にかけては（③）におそわれ、特に沖縄や九州、四国地方で被害が多くなる。

①（　　）②（　　）③（　　）

2 右の図を見て、答えましょう。

1つ5点、(3)9点（24点）

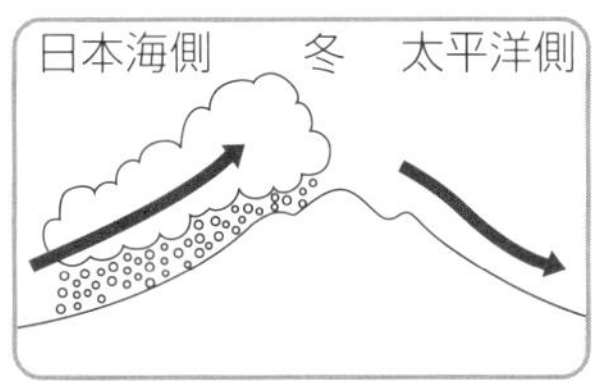

(1) よく出る 図のように、季節によってふく方向が変わる風を何といいますか。

（　　）

(2) 夏と冬の(1)の風向きをそれぞれ書きましょう。

夏（　　）冬（　　）

記述 (3) できたらスゴイ！ 冬の(1)は、日本海側に多くの雪をふらせます。そのしくみを、「水分」という言葉を使って、かんたんに書きましょう。

思考・判断・表現

（　　）

3 次のグラフは、日本各地の気温と降水量を表しています。これを見て、答えましょう。

1つ4点（48点）

(1) 次のグラフとその説明について、あうものを線で結びましょう。　技能

① 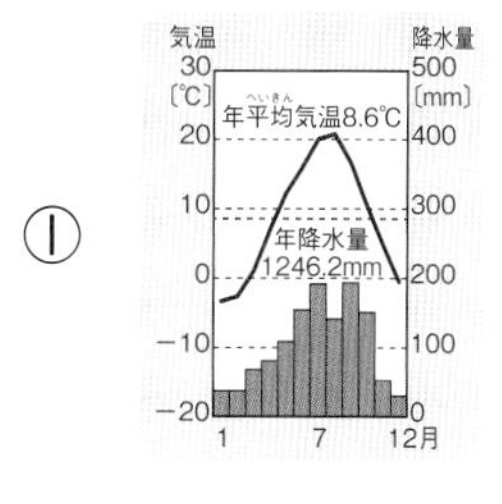

㋐太平洋側の気候と似ているけど、降水量がやや少ないよ。

② 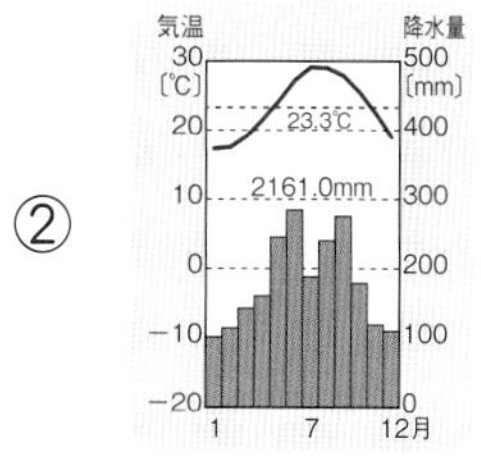

㋑夏と冬の気温差が大きいね。降水量は一年を通じて少ないよ。

③ 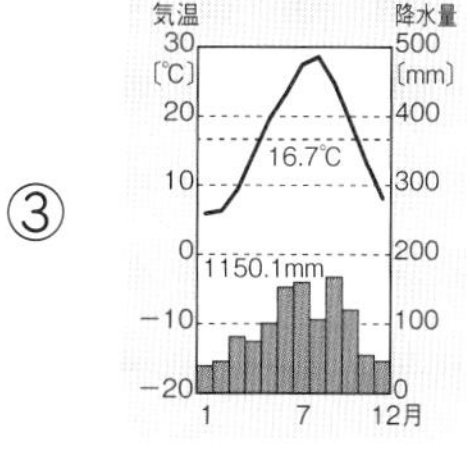

㋒気温が高くて雨が多いよ。冬でもあたたかいんだって。

④ 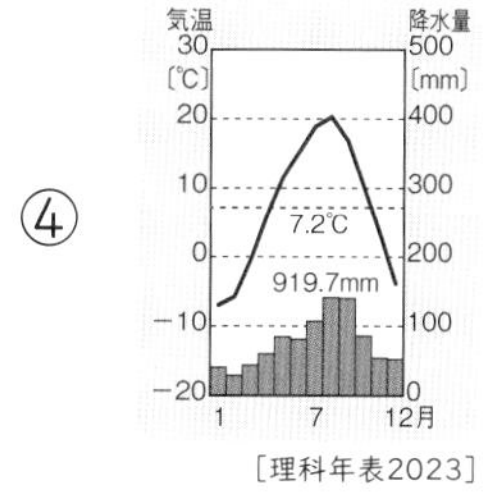

㋓冬が長くて寒さがきびしいよ。降水量はほかの地域よりも少ないようだね。

［理科年表2023］

(2) (1)の①～④のグラフが示す都市の位置を、右の地図中の㋐～㋕から選び、その気候の名前を書きましょう。

① 位置（　　）
名前（　　　　）の気候
② 位置（　　）
名前（　　　　）の気候
③ 位置（　　）
名前（　　　　）の気候
④ 位置（　　）
名前（　　　　）の気候

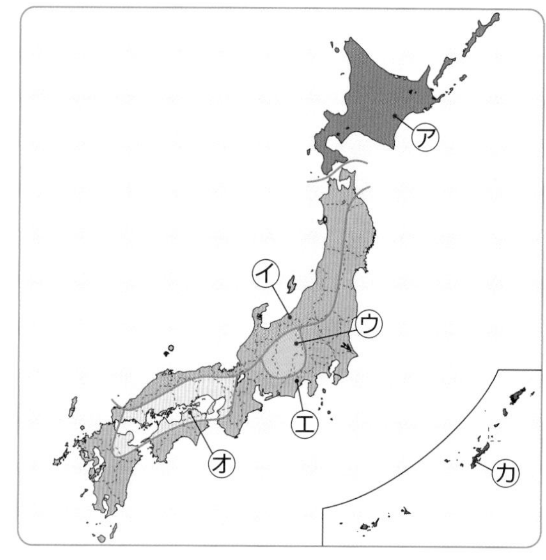

ふりかえり ❸がわからないときは、20ページの❷にもどって確認してみよう。

3分でまとめ

5 あたたかい土地のくらし

学習日　月　日

めあて
あたたかい気候に対応したくらしや産業のくふうを理解しよう。

教科書 上48～55ページ　答え 13ページ

次の（　　）に入る言葉を、下から選びましょう。

1 沖縄県の家やくらしのくふう／あたたかい気候に合った農業

教科書 上48～51ページ

沖縄県の気候とくらしのくふう

- 一年を通してあたたかく、**台風**がよく来る。
- 伝統的な家は、高い気温や湿度をしのぐため、戸を（①　　　　）とって家の中の風通しをよくしている。
- 今の家は、コンクリートづくりで、屋根を（②　　　　）にしている。水不足に備えて屋上に（③　　　　）がある家もある。

沖縄県の伝統的な家

沖縄県の気候に合った農業

- （④　　　　）がいちばん多くつくられているほか、パイナップル、シークヮーサーなどの果物がさいばいされている。
- （⑤　　　　）づくりもさかんで、あたたかい気候を生かして、ほかの産地からの出荷が少ない冬に出荷する。電灯を使って花がさく時期を調整する（電照ぎく）。

山が少なく、川も短い沖縄県では水不足になりやすいため、地下水をためる地下ダムがつくられたよ。

2 あたたかい気候を生かした観光と沖縄の課題／古くからの文化を守る／表にまとめてキャッチコピーをつくる

教科書 上52～55ページ

観光産業と課題

- 豊かな自然や、（⑥　　　　）の首里城などの観光地にめぐまれ、観光産業がさかん。
- （⑦　　　　）の白化現象や、海に赤土が流れこむなどの環境問題も起こっている。

沖縄県にある軍用地

- 太平洋戦争の後も（⑧　　　　）の占領が長く続き、1972年に日本に返された。
- 現在もアメリカの軍用地が残されている。

古くからの文化

- （⑨　　　　）の国々との貿易や交流で育ててきた豊かな**文化**がある。
- エイサー、琉球舞踊、三線、紅型など。

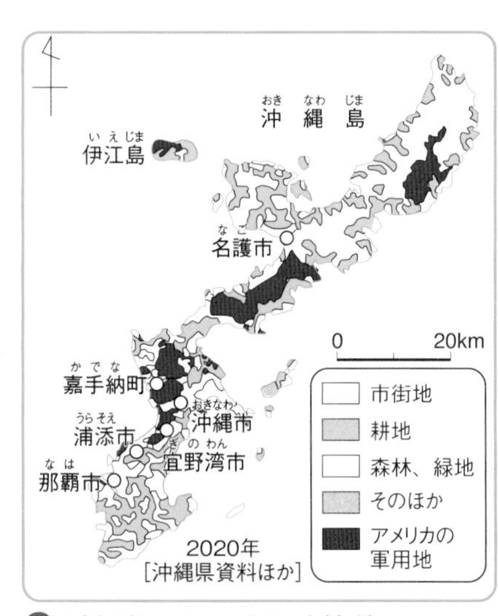

沖縄島とその周辺の土地利用

選んだ言葉に✓

□さんごしょう　□さとうきび　□アジア　□平ら　□貯水タンク
□世界文化遺産　□きく　□アメリカ　□広く

ぴったり2

練習

学習日　　月　　日

ぴたトリビア

沖縄県は１年間に通る台風の数が日本で最も多いです。強い風を防ぐため、かわらをしっくいで固めたり、家のまわりを石垣で囲んだりしています。

教科書　上48～55ページ　答え　13ページ

1 右の図を見て、答えましょう。

(1) 図中の①～④にあう言葉を［　］から選びましょう。

石垣　かわら　戸　防風林

①（　　　）②（　　　）
③（　　　）④（　　　）

ふくぎ（①）
シーサー
しっくいでとめた③
さんごの②
広い④

⬆ 沖縄県の伝統的な家

(2) 図のような家のつくりになっている理由を、㋐・㋑から選びましょう。（　　）

㋐ 水不足が起こらないようにするため。
㋑ 高い気温や湿度をしのぐため。

(3) 沖縄県が水不足になりやすい理由について説明した次の文の、｛　｝の中の正しい言葉を〇で囲みましょう。

沖縄県は、降水量は①｛多い・少ない｝が、山が少なく、川が②｛長い・短い｝ため、雨水がすぐに海に流れてしまい、水不足になりやすい。農業に使う水を安定して供給するため、地下水をためる③｛貯水タンク・地下ダム｝がつくられた。

(4) 沖縄県でいちばん多くつくられている作物を書きましょう。（　　）

(5) 沖縄県の農業の説明として正しいものを、㋐・㋑から選びましょう。（　　）

㋐ パイナップル、シークヮーサーなどの果物がさいばいされている。
㋑ きくづくりがさかんで、ほかの産地からの出荷の少ない夏に出荷している。

2 沖縄県の産業や文化について、答えましょう。

(1) 沖縄県について、正しいものには〇を、まちがっているものには×をつけましょう。

①（　　）豊かな自然や観光地にめぐまれ、観光産業がさかんである。
②（　　）海では、さんごしょうの白化現象が起こっている。
③（　　）太平洋戦争の後、ソビエト連邦の占領が長く続き、現在もロシア連邦の軍用地が残されている。
④（　　）沖縄県では、アジアの国々との貿易や交流がなかったため、独自の文化を育ててきた。

(2) 右の写真は、世界文化遺産に登録されている建物です。この建物を何といいますか。

（　　　）

ヒント
1 (4) 砂糖の原料となります。
2 (2) 約150年前まで沖縄にあった王国の建物をよみがえらせたものです。

ぴったり3 確かめのテスト

せんたく

1. わたしたちの国土

5 あたたかい土地のくらし

時間 30 分

／100

合格 80 点

教科書 上48〜55ページ　答え 14ページ

1 よく出る 右の絵は、沖縄県の今の家と伝統的な家です。これを見て、答えましょう。

1つ5点、(2)10点（35点）

(1) 沖縄県では、気候に合わせて家のつくりにくふうがあります。㋐〜㋔はどのくふうにあてはまるか選びましょう。

思考・判断・表現

強い風を防ぐくふう（　）（　）（　）

高い気温や湿度をしのぐくふう（　）

水不足に備えるくふう（　）

㋐ 風通しのよい広い戸　㋑ さんごの石垣

㋒ 屋上の貯水タンク　㋓ しっくいでとめたかわら

㋔ 家のまわりのふくぎ

記述 (2) できたらスゴイ！ 沖縄県では、降水量が多いにもかかわらず水不足になりやすいです。その理由を、かんたんに書きましょう。

思考・判断・表現

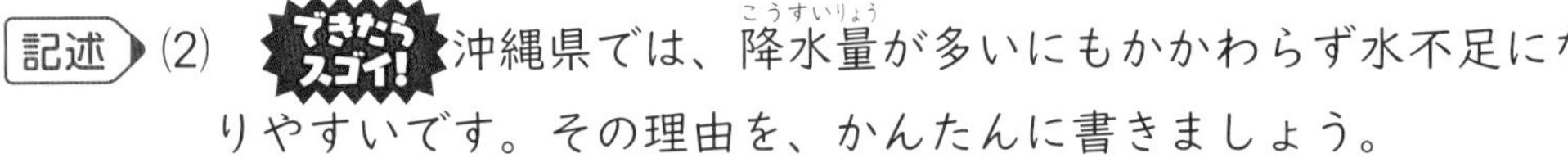

（　　　　　　　　　　）

2 沖縄県の農業について、答えましょう。

1つ5点（25点）

(1) 沖縄県の農業に関する次の会話を読んで、正しいものには○を、まちがっているものには×をつけましょう。

①（　）

いちばん多くつくられている作物はさとうきびだよ。

②（　）

果物はたくさんつくられているけど、野菜はつくられていないね。

③（　）

パイナップルはたくさんつくられているけど、品種は1つだけだよ。

④（　）

さとうきびは、日差しや台風に強く、沖縄県でのさいばいに適しているよ。

(2) 沖縄県で見られるきくづくりでは、電灯を使って、花がさく時期を調整しています。この方法でつくられるきくを何といいますか。（　　）

3 右の地図は、沖縄島とその周辺の土地利用を表しています。これを見て、答えましょう。

1つ4点（12点）

(1) 軍用地にあうものを、地図中のⒶ～Ⓒから選びましょう。

技能

（　　　）

(2) (1)は、どこの国の軍用地ですか。

（　　　）

(3) 沖縄県は、1972年に日本に返されるまでは(2)の国に占領されていました。沖縄県が占領されるきっかけとなった戦争を何といいますか。

（　　　）

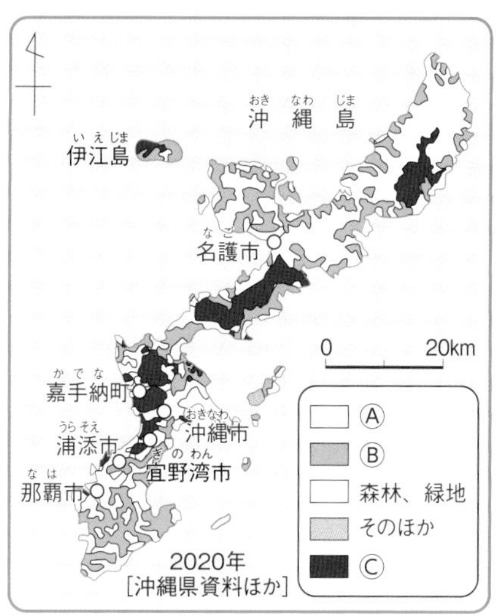

4 沖縄県の伝統文化や産業について、答えましょう。

1つ4点（28点）

(1) 沖縄県の伝統文化とその説明について、あうものを線で結びましょう。

① ・　　・ ㋐紅型とよばれる独特の染物の服を着ておどる琉球舞踊。

② ・　　・ ㋑ゴーヤーやもずくなど、沖縄県の特産物が使われた料理。

③ ・　　・ ㋒エイサーとよばれるおどり。

(2) 次の文中の①～④にあう言葉を、㋐～㋕から選びましょう。

沖縄県では観光産業がさかんで、豊かな自然を大切にした（①）な観光地づくりに取り組んでいる。また、プロ野球などのキャンプも行われている。一方で、海水の温度が（②）ことなどによってさんごしょうの（③）現象が起こったり、海に（④）が流れこんで海の環境を悪化させたりするなどの問題も起こっている。

①（　　　）　②（　　　）　③（　　　）　④（　　　）

㋐ 世界文化遺産　㋑ 赤土　㋒ 白化　㋓ 持続可能
㋔ 上がる　㋕ 下がる

ふりかえり　❶(2)がわからないときは、24ページの❶にもどって確認してみよう。

ぴったり1 準備

せんたく

1. わたしたちの国土

5 寒い土地のくらし

3分でまとめ

学習日　　月　　日

めあて
雪や寒さに対応したくらしや産業のくふうを理解しよう。

教科書 上56〜65ページ　答え 15ページ

次の　　に入る言葉を、下から選びましょう。

1 北海道の家やくらしのくふう／札幌市の雪対策と雪を生かした観光

教科書 上56〜59ページ

北海道の気候とくらしのくふう

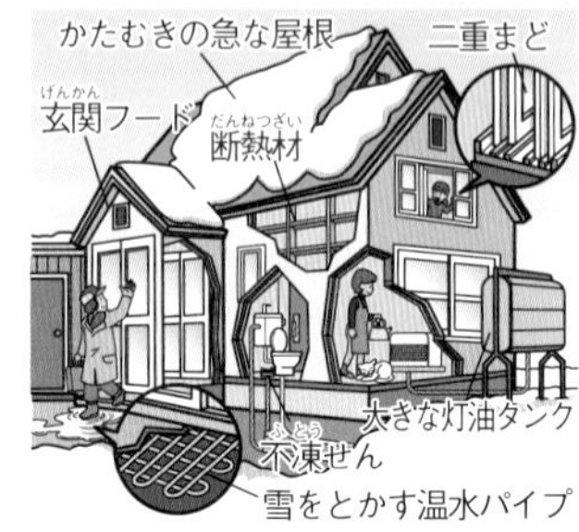

寒い地域の家のくふう

- 冬は寒く、夏はすずしい気候で、毎年多くの雪がふる。
- 北海道の家は、雪や寒さに備えて（①　　　　）がたくさん用いられている。玄関フードや（②　　　　）で、室内のあたたかさをにがさないようにしている。
- 昔は、雪が積もらないようにかたむきの急な屋根が多く見られた。
- 最近は、雪が下に落ちないように中央が低くなり、家の熱や雪の重みでとかす（③　　　　）の屋根が見られる。

札幌市の雪対策と観光

- 約200万人がくらす札幌市では、生活にえいきょうが出ないように、（④　　　　）した雪を郊外の雪たい積場に運んだり、市の中心部につくられたゆう雪施設で雪をとかしたりしている。
- 観光客はすずしい夏に多い。冬の観光客を増やすため、（⑤　　　　）を行っている。

2 北海道の自然を生かした農業／守ってきた文化を受けつぐ／表にまとめてキャッチコピーをつくる

教科書 上60〜63ページ

北海道の気候に合った農業

- 広大な土地が広がる十勝地方では、数種類の作物を順にちがう畑で育てる（⑥　　　　）をしている。
- 北海道の東側では、夏はすずしく牧草が育ちやすいため、乳牛を育てて牛乳や乳製品をつくる（⑦　　　　）がさかん。
- 北海道の西側では（⑧　　　　）がさかん。

一つの畑に去年とはちがうものを植えることで、作物の病気を防ぐことができるよ。

	畑①	畑②	畑③	畑④	畑⑤
1年目	じゃがいも	小麦	てんさい	スイートコーン	あずき
2年目	小麦	てんさい	スイートコーン	あずき	じゃがいも
3年目	てんさい	スイートコーン	あずき	じゃがいも	小麦
4年目	スイートコーン	あずき	じゃがいも	小麦	てんさい
5年目	あずき	じゃがいも	小麦	てんさい	スイートコーン

じゃがいも　スイートコーン　あずき　てんさい　小麦

輪作のやり方

アイヌの人々のくらし

- 北海道には、昔から**先住民族**の（⑨　　　　）の人々が豊かな自然の中でくらしており、本州やロシアなどと交流していた。
- アットゥシ（伝統的な服）やチセ（家）、おどりなど、アイヌの人々の文化を大切にすることがわたしたちに求められている。

帯広や知床のように、北海道の地名の多くはアイヌ語がもとになっているよ。

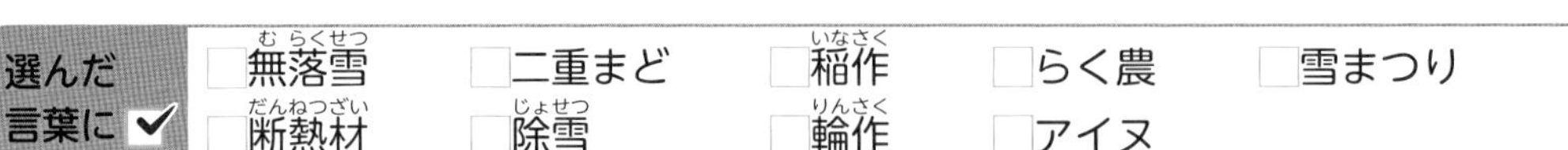
選んだ言葉に✓
□無落雪　□二重まど　□稲作　□らく農　□雪まつり
□断熱材　□除雪　□輪作　□アイヌ

ヘクタール(ha)は、たて100m×横100mの広さを表す面積の単位です。北海道の耕地面積は約114万ha（2021年）で、日本で最も広いです。

教科書 上56～65ページ　答え 15ページ

1 北海道の気候やくらしについて、答えましょう。

(1) 右のグラフは、札幌市の気温と降水量を表しています。グラフから読み取れることとして正しいものには○を、まちがっているものには×をつけましょう。

① (　　)

平均気温が0℃を下回る月が3か月もあるね。

② (　　)

7月と8月は、平均気温が30℃を上回るね。

③ (　　)

6月に雨が少ないのは、北海道はつゆのえいきょうが小さいからだと思うよ。

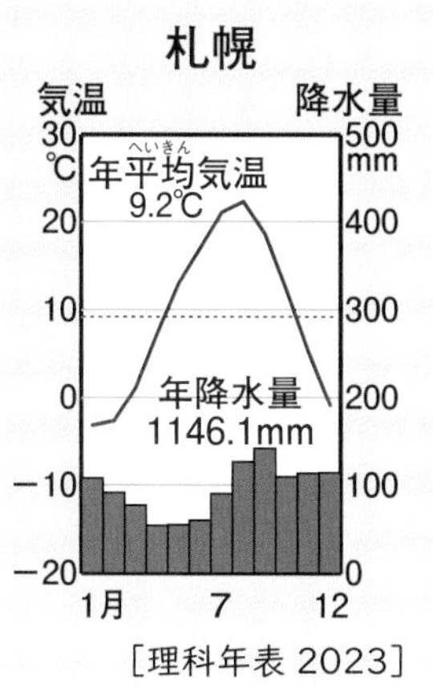

[理科年表 2023]

(2) 北海道の家のくふうにあてはまらないものを、㋐～㋓から選びましょう。(　　)

㋐ 屋上に貯水タンクがある。　㋑ たくさんの断熱材が用いられている。

㋒ 玄関フードや二重まどがある。　㋓ 屋根が中心に向かってかたむいている。

2 北海道の農業や先住民族について、答えましょう。

(1) 次の文中の①～④にあう言葉を書きましょう。

十勝地方では、一つの畑に去年とはちがう作物を植える ① が行われており、ある農家は、じゃがいも、スイートコーン、あずき、② （さとうだいこん）、小麦を順につくっている。北海道の東側では、夏にすずしく ③ が育ちやすいため、④ を育てて牛乳や乳製品をつくるらく農がさかんである。また、北海道の西側では稲作がさかんであり、寒さに強くおいしい品種が開発されている。

①(　　)　②(　　)

③(　　)　④(　　)

(2) 北海道の先住民族を何といいますか。(　　)の人々

(3) (2)の伝統的な服であるアットゥシを、㋐・㋑から選びましょう。(　　)

㋐

㋑

ヒント
1 (1)① 折れ線グラフで、0℃の目もり線を下回っている月を数えましょう。
1 (1)② 7月と8月の折れ線グラフと、左側の目もりの値を見比べましょう。

せんたく

1．わたしたちの国土

5 寒い土地のくらし

時間 30分　／100　合格 80点

教科書 上56〜65ページ　答え 16ページ

1 よく出る 北海道では、気候に合わせて家のつくりにくふうがあります。㋐〜㋔はどのくふうにあてはまるか選びましょう。　1つ5点（25点）

寒い地域の家のくふう

室内のあたたかさをにがさないようにするくふう　（　　）（　　）

雪や水が凍ることを防ぐくふう　（　　）（　　）

雪が多く積もることを防ぐくふう　（　　）

㋐ 温水パイプ　㋑ かたむきが急な屋根
㋒ 二重まど　㋓ たくさんの断熱材
㋔ 不凍せん

2 札幌市の雪対策や雪を生かした観光について、答えましょう。　1つ5点、(2)10点（30点）

(1) 札幌市の雪対策や観光に関する次の会話を読んで、正しいものには○を、まちがっているものには×をつけましょう。

①（　　）

除雪車による道路の除雪は、いつも昼間に行われるよ。

②（　　）

ゆう雪施設では、下水処理の水などを活用して雪をとかしているよ。

③（　　）

北海道をおとずれる観光客の数は、雪まつりが行われる冬に最も多いよ。

④（　　）

雪まつりでは、雪像がつくられてたくさんの人が見にくるよ。

記述 (2) 除雪した雪を積んでいく雪たい積場は、どこにつくられることが多いですか。その理由とともに、かんたんに書きましょう。　思考・判断・表現

（　　　　　　　　　　　　　　　　　　　　）

3 北海道の農業について、答えましょう。

1つ5点、(2)10点（25点）

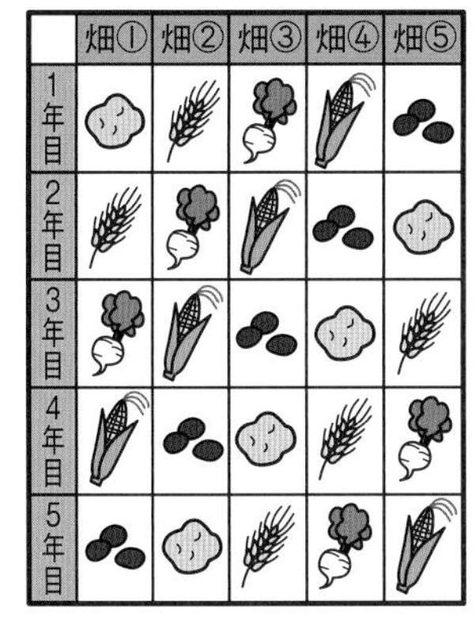

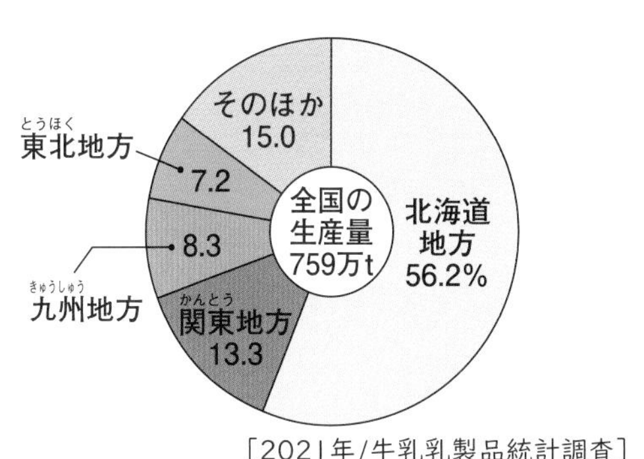

［2021年/牛乳乳製品統計調査］

(1) 左上の表は、十勝(とかち)地方で行われている農業のやり方を表したものです。このような農業のやり方を何といいますか。（　　　）

記述 (2) できたらスゴイ! 表のように、一つの畑に去年とはちがう作物を植える理由を、かんたんに書きましょう。 思考・判断・表現

（　　　）

(3) 右上のグラフは、地域別(ちいきべつ)の生乳(せいにゅう)生産量のわりあいを表しています。グラフから読み取れることとして、正しいものには○を、まちがっているものには×をつけましょう。 技能

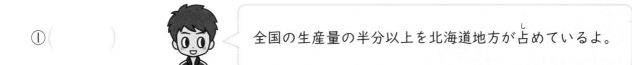

①（　　　） 全国の生産量の半分以上を北海道地方が占(し)めているよ。

②（　　　） 関東(かんとう)地方では、150万t以上の生乳が生産されているね。

4 アイヌの人々について、答えましょう。

1つ5点（20点）

(1) 北海道のアイヌの人々のように、その土地にもともとくらしていた人々のことを何といいますか。（　　　）

(2) アイヌの人々のくらしや文化として正しいものを、㋐〜㋓から２つ選びましょう。 思考・判断・表現

（　　　）（　　　）

㋐ 魚や動物、山菜をとったり、あわなどのざっこくを育てたりしていた。

㋑ 木や草でつくったアットゥシとよばれる家に住んでいた。

㋒ チセとよばれる伝統(でんとう)的な服など、独自の文化が見られる。

㋓ すべてのものや生き物にカムイとよばれる神を感じていた。

(3) アイヌの人々が本州(ほんしゅう)やロシアの人々と交流して手に入れたものとしてあてはまらないものを、㋐〜㋓から選びましょう。（　　　）

㋐ 絹(きぬ)　㋑ サケ　㋒ しっき　㋓ 木綿(もめん)

ふりかえり 3(2)がわからないときは、28ページの2にもどって確認(かくにん)してみよう。

2．わたしたちの生活と食料生産

1 くらしを支える食料生産

めあて 食材の産地は地形や気候などによってことなることを理解しよう。

教科書 上66～75ページ 答え 17ページ

次の（　）に入る言葉を、下から選びましょう。

1 給食の材料／産地調べ／日本の米づくり

教科書 上66～71ページ

ワンポイント 食材の分類

- （①　　　）…田畑でさいばいされるもの。米、野菜、果物など。
- **畜産物**…牛、ぶた、とりなどの家畜から生産されるもの。乳、肉、たまごなど。
- （②　　　）…海や川・湖・沼からとれるもの。魚、貝、海そうなど。

米の産地

- **産地**では、地形や気候などの（③　　　）を生かして、さまざまな食料が生産されている。
- 米づくりは、平野で川があるところが適している。
- 米の収穫量は、（④　　　）、北海道、秋田県の順に多い。

米の収穫量は寒い地域で多いね！

地方	割合(%)
東北地方	26.9
中部地方	21.9
関東地方	14.8
九州地方	10.2
中国・四国地方	9.9
近畿地方	8.7
北海道地方	7.6

全国の収穫量727万t

［2022年／作物統計調査］

地方別の米の収穫量

2 農産物の産地／地図とノートにまとめる

教科書 上72～75ページ

日本の農産物の生産額

- 1960年では、米の**生産額**が最も多かったが、その後大きく減ってきた。
- 2021年では、（⑤　　　）、野菜、米、果物の順にわりあいが高い。

農産物の産地

- 野菜は全国各地でさいばいされている。夏でもすずしい産地では、すずしい気候に向いた野菜を夏場に生産する。冬でもあたたかい産地では、寒い時期に野菜を生産する。
- 果物はさいばいされる地域が限られる。（⑥　　　）はあたたかい気候の地域で、（⑦　　　）は雨が少なく、すずしい気候の地域でさいばいされている。
- 肉牛や乳牛の飼育には、広い土地が必要となるため、主な産地は北海道や（⑧　　　）地方となる。
- 魚などの水あげ量は、（⑨　　　）が第1位（2021年）。

(2021年、*は2022年)

米* だいこん りんご もも みかん にわとり*（たまご用） ぶた* 肉牛*

［農林水産省資料］

主な食べ物の産地

選んだ言葉に✔					
	□自然条件	□畜産物	□みかん	□新潟県	□銚子
	□りんご	□水産物	□農作物	□九州	

学習日　月　日

ぴたトリビア
生産額とは、生産した産物の価格(かかく)（売り上げ）を合わせた額のことです。畜産物は、野菜や果物に比(くら)べて、生産額が高いです。

教科書 上66～75ページ　答え 17ページ

1 食材の分類について、答えましょう。

(1) 食材は、農作物、畜産物、水産物に分けられます。㋐～㋔はどれにあてはまるか選びましょう。

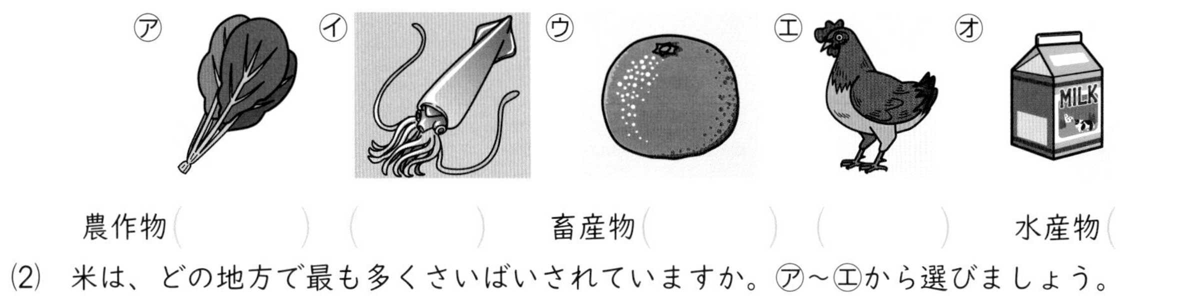

農作物（　　）（　　）　畜産物（　　）（　　）　水産物（　　）

(2) 米は、どの地方で最も多くさいばいされていますか。㋐～㋓から選びましょう。

㋐ 北海道地方　㋑ 東北地方　㋒ 関東地方　㋓ 中部地方　（　　）

2 次の地図は、主な食べ物の産地を表しています。これを見て、答えましょう。

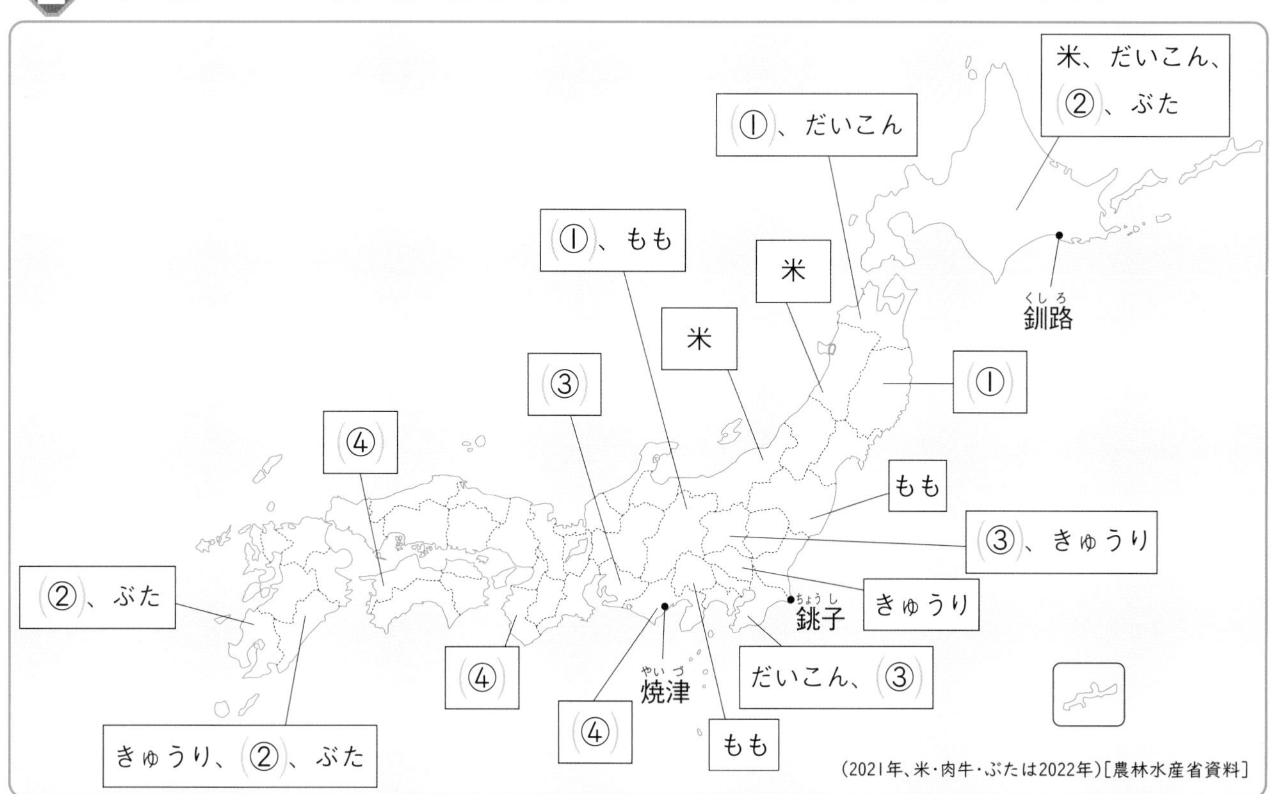

(1) よく出る 地図中の①～④にあう言葉を［　　］から選びましょう。

①（　　）　②（　　）
③（　　）　④（　　）

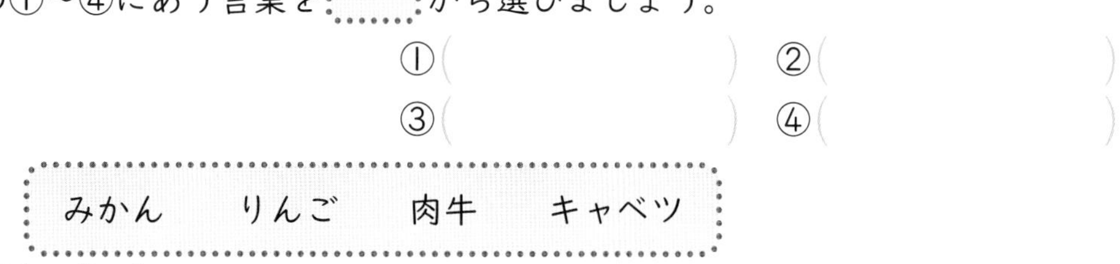

(2) 地図中の釧路(くしろ)、銚子(ちょうし)、焼津(やいづ)は、2021年の魚などの水あげ量の上位３位までの漁港です。第１位の漁港を、地図から選びましょう。（　　）

ヒント　1 (1) 畜産物は、乳、肉、たまごだけでなく、それらからつくられるものもふくみます。

2. わたしたちの生活と食料生産

1 くらしを支える食料生産

教科書 上66～75ページ　答え 18ページ

1 わたしたちの食料品について、答えましょう。　1つ5点（25点）

(1) よく出る 次の表は、食材の分類を表しています。表中の①～③にあう言葉を書きましょう。

分類	品目
①（　　　　）物	いか、ちくわ
②（　　　　）物	米、大豆、たけのこ、にんじん、オレンジ
③（　　　　）物	とり肉、牛乳

(2) 次の文中の①、②にあう言葉を書きましょう。

わたしたちがふだん食べているものは、全国の産地で生産されています。地形や気候などの ① を生かして、各地でさまざまな食料生産が営まれています。食料品は、国内だけでなく、② から来たものもたくさん売られています。

①（　　　　）　②（　　　　）

2 右の地図とグラフを見て、答えましょう。　技能 1つ4点（32点）

(1) 地図を見て、次の表を完成させましょう。

順位	道県	収穫量
1	①（　　　　）	63万t
2	②（　　　　）	55万t
3	③（　　　　）	46万t
4	山形県	④（　　　　）万t

米の収穫量が多い上位4つの道県（2022年）

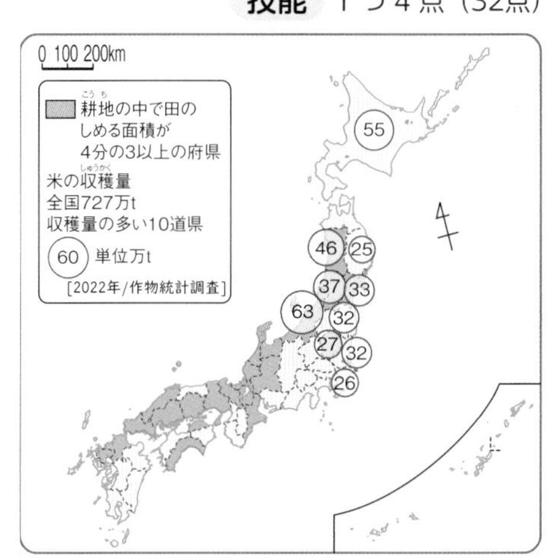

米の生産がさかんな地域

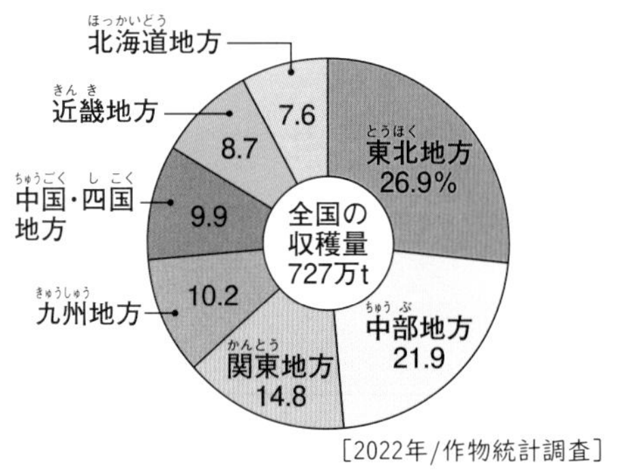

地方別の米の収穫量

(2) 地図とグラフから読み取れることとして、正しいものには○を、まちがっているものには×をつけましょう。

①（　　）米の収穫量が第1位の道県は、地方別の米の収穫量が第1位の地方にふくまれる。

②（　　）全国の米の収穫量は900万tをこえている。

③（　　）地方別では、関東地方の収穫量は3番目に多い。

④（　　）日本の米は、寒い気候の地域で多く生産されている。

❸ 農産物の産地について、答えましょう。

1つ5点、(2)8点（28点）

(1) よく出る 右の地図中のⒶ～Ⓓにあうものを［　　］から選びましょう。 技能

みかん	乳牛
りんご	肉牛

Ⓐ（　　　　）
Ⓑ（　　　　）
Ⓒ（　　　　）
Ⓓ（　　　　）

記述 (2) できたらスゴイ！ 肉牛や乳牛の産地となる場所はどのような場所ですか。かんたんに書きましょう。

思考・判断・表現

（　　　　　　　　　　　　　　　　）

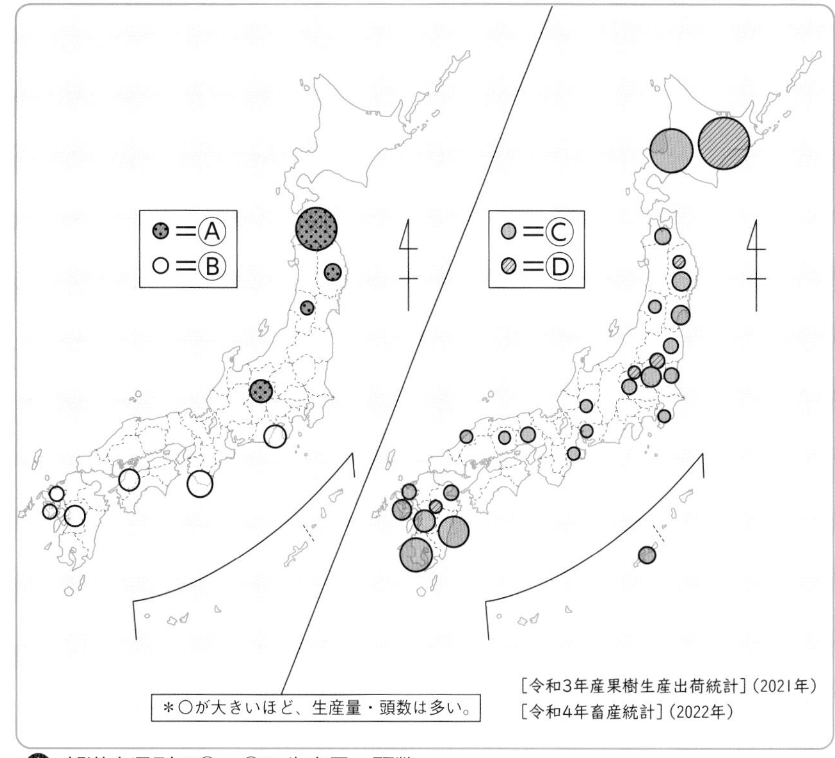

⬆ 都道府県別のⒶ～Ⓓの生産量・頭数

❹ 右のグラフは、日本の主な農産物の生産額の変化を表しています。これを見て、答えましょう。

技能　1つ5点（15点）

(1) 1960年と比べて、現在の生産額が最も減っている農産物を、グラフから選びましょう。

（　　　　）

(2) 1960年と比べて、現在の生産額の変化が最も小さい農産物を、グラフから選びましょう。

（　　　　）

(3) 畜産物の生産額が、農産物全体の中で、はじめて最も多くなった年はいつですか。

（　　　　）年

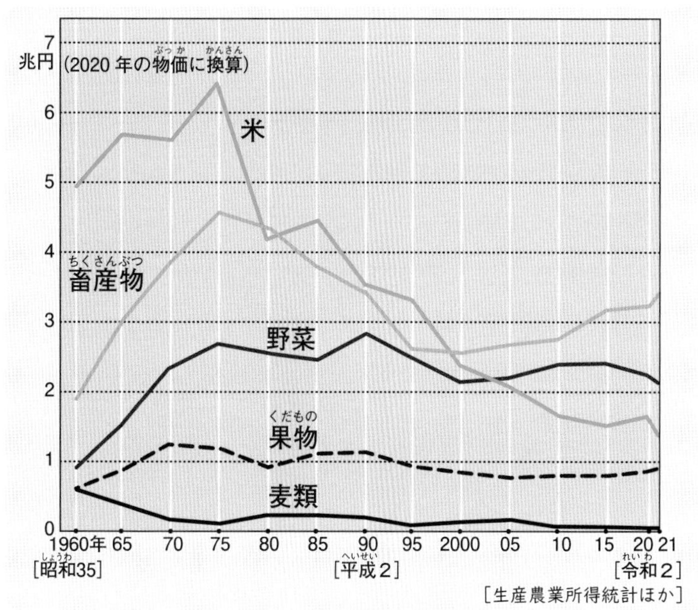

ふりかえり ❸(2)がわからないときは、32ページの❷にもどって確認してみよう。

2 米づくりのさかんな地域①

学習日　月　日

めあて
米づくりに適した庄内平野の地形や気候の特色を理解しよう。

教科書 上76〜79ページ　答え 19ページ

次の（　）に入る言葉を、下から選びましょう。

1 庄内平野の地形と気候の特色

教科書 上76〜77ページ

庄内平野の地形の特色

- 山形県の北西部に位置し、日本海に面している。鳥海山などの山々に囲まれ、日向川、（①　　　）、赤川などが流れこむため、（②　　　）が豊富にある。
- 土地が広く平らなので、効率よく米づくりができる。

庄内平野の気候の特色

- 夏の昼と夜の（③　　　）差があることと、春から秋にかけての（④　　　）が長いことが、米づくりの条件に適している。
- 「宝の風」…夏に（⑤　　　）からふく、あたたかくかわいた（⑥　　　）が、雨でぬれた葉をかわかして、稲の（⑦　　　）を防ぐ。

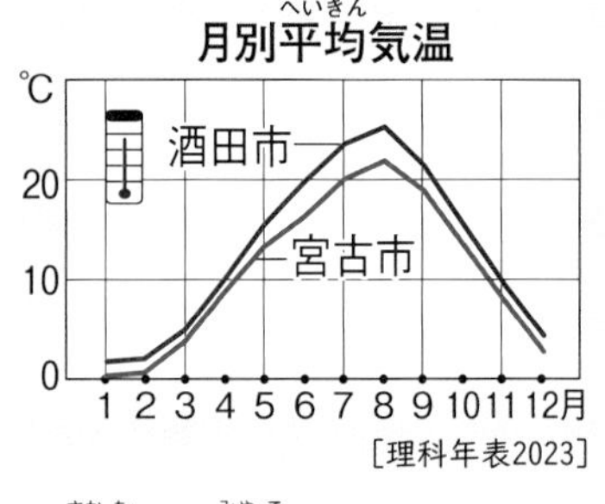

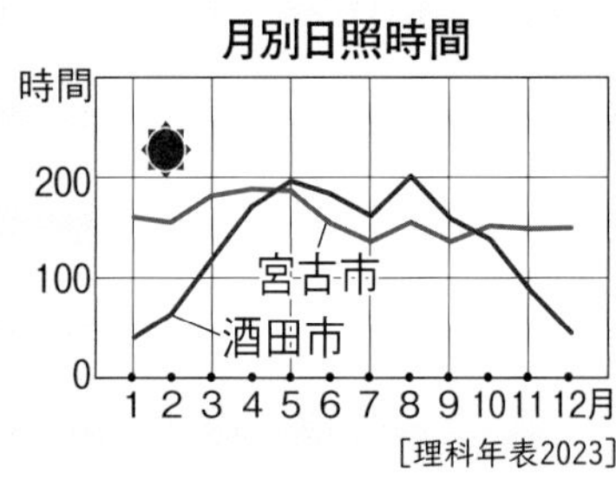

↑ 酒田市と宮古市の気候

太平洋側の岩手県宮古市と比べると、酒田市は夏の気温が高く、日照時間が長いね。

2 庄内平野の米づくり

教科書 上78〜79ページ

たくさんの水田がある庄内平野

- 庄内平野の水田は、たて100m、横30mの大きさを基本に整備されている。
- 庄内地方では、耕地のうちで水田がしめるわりあいが、日本全体に比べて（⑧　　　）。

水田が広いと、大きな機械を使って農作業ができるよ。

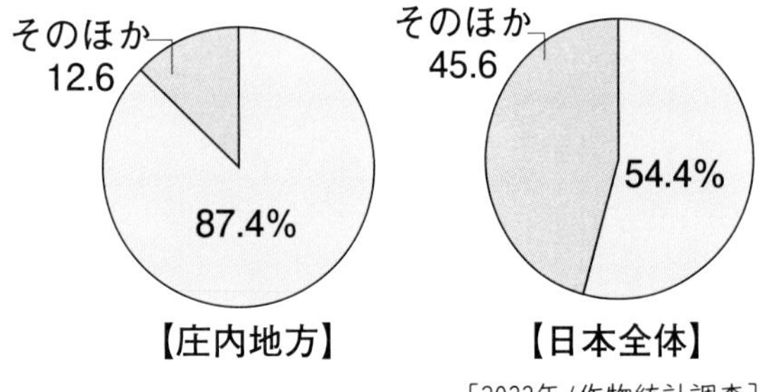

↑ 耕地のうちで水田がしめるわりあい

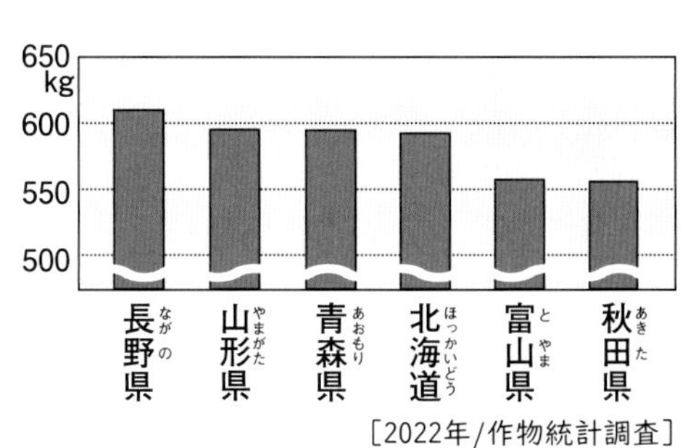

↑ 10a あたりの米の生産量が多い都道府県

選んだ言葉に✓

□季節風	□大きい	□日照時間	□気温
□水	□南東	□最上川	□病気

ぴったり2

練習

ぴたトリビア

1アール（a）とは、たて10m×横10mの面積のことです。1a＝100m²、100a＝1ha（ヘクタール）です。

教科書　上76～79ページ　答え　19ページ

1 右の地図を見て、答えましょう。

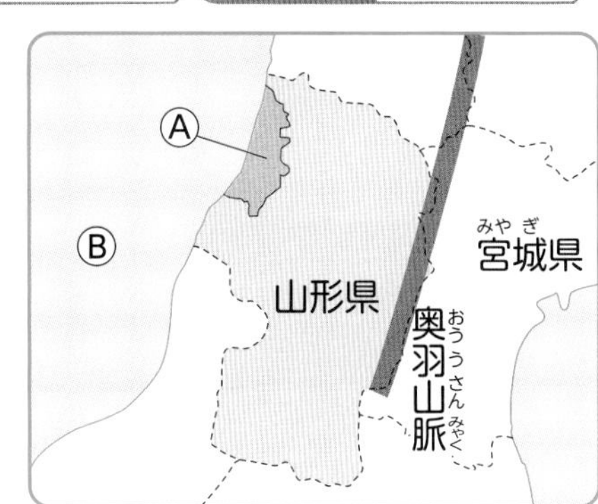

(1) 地図中のⒶの平野、Ⓑの海を何といいますか。

Ⓐ（　　　）　Ⓑ（　　　）

(2) Ⓐの平野を流れる川を、㋐～㋒から選びましょう。（　　　）

㋐ 利根川（とね）　㋑ 信濃川（しなの）　㋒ 最上川

(3) 次の文中の①～⑤にあう言葉を、㋐～㋙から選びましょう。

Ⓐの平野の気候の特色は、（①）の気温差があることと、春から秋にかけての日照時間が（②）ことであり、これらは米をつくる条件に合っている。夏になると、（③）からあたたかく（④）季節風がふき、稲の病気を防ぐとともに、ゆらいだ葉に（⑤）が当たることで、じょうぶな稲が育つ。

㋐ 長い　㋑ 短い　㋒ しめった　㋓ かわいた　㋔ 夏の昼と夜
㋕ 霜（しも）　㋖ 日光　㋗ 北西　㋘ 南東　㋙ 夏と冬

①（　　）②（　　）③（　　）④（　　）⑤（　　）

2 次のグラフを見て、文中の①、②にあう数字を［　　］から選びましょう。

そのほか12.6　87.4%　【庄内地方】
そのほか45.6　54.4%　【日本全体】
［2022年/作物統計調査］

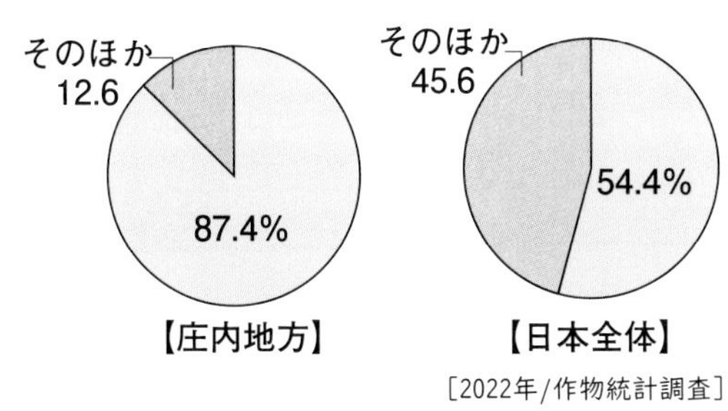

耕地のうちで水田がしめるわりあい

長野県（ながの）　山形県（やまがた）　青森県（あおもり）　北海道（ほっかいどう）　富山県（とやま）　秋田県（あきた）
［2022年/作物統計調査］

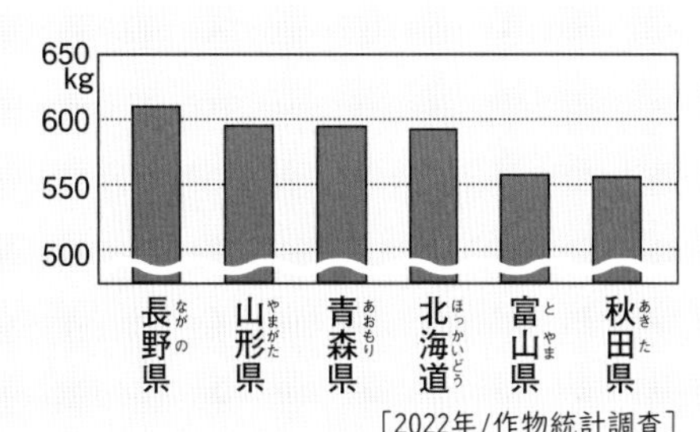

10aあたりの米の生産量が多い都道府県

庄内地方の耕地のうちで水田がしめるわりあいは、（①）%近くである。また、山形県の10aあたりの米の生産量は、約（②）kgである。

［ 60　90　590　640 ］

①（　　　）②（　　　）

ヒント

1 (3)④ 夏に太平洋からふくしめった季節風は、山地にぶつかって太平洋側に多くの雨をふらせます。山地をこえると、かわいた風となります。

2 米づくりのさかんな地域②

学習日　　月　　日

めあて
米づくりにはさまざまな作業があることを理解しよう。

教科書 上80〜85ページ　答え 20ページ

 次の　　　に入る言葉を、下から選びましょう。

1 祢津さんの米づくり

教科書 上80〜81ページ

米づくりの農作業ごよみ

3月	4月	5月	6月	7月	8月	9月	10月
共同作業の計画づくり 種もみを選ぶ	② なえを育てる 種まき ① たい肥をまく	水の管理 じょ草ざいをまく ③	みぞをほる 稲の成長を調べる	農薬をまく	穂が出る	④ だっこく ④の計画づくり	もみすり かんそう カントリーエレベーターに運ぶ

①（　　　　）②（　　　　）③（　　　　）④（　　　　）

- 農家は、農業以外で働いている家族がだれもいない⑤（　　　　）と、農業以外で働いている人がいる**兼業農家**に分けられる。

2 米づくりの仕事のくふう／庄内平野の米づくりを支える人たち

教科書 上82〜85ページ

米づくりの移り変わり

- 用水路と排水路を分け、⑥（　　　　）と排水せんを開閉することで、水田の水の量を調節している。
- ⑦（　　　　）…米づくりの**生産性**を高めるため、田の形を整え、区画を広げ、水路や農道を整備した。
- ほとんどが手作業であった60年前と比べると、現在は機械化が進んでいる。田おこしはトラクター、田植えは田植え機、稲かりは⑧（　　　　）を使うことで、労働時間が短しゅくされた。

機械は高価なものが多いので、地域の人とお金を出し合ってこう入し、共同で使っているよ。

米づくりを支える人たち

- **農業協同組合（JA）**…技術の指導をしたり、農機具や肥料のはん売をしたりしている。
- 水田農業研究所…稲の⑨（　　　　）を行い、品質や味がよく、病気に強い品種への改良を続けている。近年は暑さに強い品種の開発などに力を入れている。

選んだ言葉に✓
□稲かり　□田おこし　□耕地整理　□コンバイン　□品種改良
□田植え　□代かき　□専業農家　□給水せん

ぴったり2

練習

学習日　　月　　日

ぴたトリビア

だっこくとは、稲の穂先(ほさき)からもみを落とす作業のことです。コンバインを使うと、稲かりとだっこくが同時にできます。

教科書　上80～85ページ　　答え　20ページ

1 次の図は、米づくりの農作業ごよみを表しています。図中の①～⑤にあう言葉を［　　］から選びましょう。

3月	4月	5月	6月	7月	8月	9月	10月
共同作業の計画づくり 種もみを選ぶ	② なえを育てる 種まき ① たい肥をまく	水の管理 じょ草ざいをまく ③	みぞをほる 稲の成長を調べる	農薬をまく	穂が出る	④ だっこく ④の計画づくり	もみすり かんそう ⑤に運ぶ

稲かり　代かき　田おこし　田植え　カントリーエレベーター

①（　　　）②（　　　）
③（　　　）④（　　　）
⑤（　　　）

2 米づくりのくふうについて、答えましょう。

(1) 右の絵は、農作業に用いる機械です。①～③の機械の名前を書きましょう。

①（　　　）
②（　　　）
③（　　　）

(2) 機械化による米づくりの移り変わりの説明について、正しいものには○を、まちがっているものには×をつけましょう。

①（　　）農家の人たちの労働時間が短くなった。
②（　　）農作業にかかるお金が少なくなった。

(3) 次の文中の①、②にあう言葉を、㋐～㋓から選びましょう。

農業協同組合（JA）の ① は、農業についての指導や相談を行っている。水田農業研究所は、いろいろな品種のよいところを集めて、新しい品種をつくり出している。近年は、夏に高温の日が続くことが多いため、② に強い品種の開発に力を入れている。

㋐ 暑さ　㋑ 寒さ　㋒ 専業農家　㋓ 営農指導員(えいのうしどういん)

①（　　）②（　　）

(4) 下線部のことを何といいますか。

（　　　）

ヒント　2 (3)② 昔は、寒い地域でも稲がよく育つように、寒さに強い品種が開発されていましたが、近年は地球温暖(おんだん)化のえいきょうで夏に高温の日が続くことが多いです。

2. わたしたちの生活と食料生産

2 米づくりのさかんな地域

教科書 上76〜85ページ　答え 21ページ

1 庄内平野の地形と気候について、答えましょう。

1つ5点、(2)10点（25点）

(1) 庄内平野の地形と気候の特色について、正しいものには○を、まちがっているものには×をつけましょう。

① (　　) 鳥海山などの山々に囲まれ、高さが主に1000m以上ある。

② (　　) 最上川などの川が流れこみ、豊かな水がある。

③ (　　) 夏の昼と夜の気温差があり、春から秋にかけての日照時間が短い。

記述 (2) できたらスゴイ! 庄内平野にふく夏の南東の季節風は、「宝の風」とよばれています。その理由を、風の特ちょうとともに、かんたんに書きましょう。　思考・判断・表現

(　　)

2 次の絵は、米づくりの作業の様子を表しています。これを見て、答えましょう。

1つ4点、(3)5点（25点）

(1) よく出る ①〜③の絵にあう作業を、㋐〜㋔から選びましょう。

㋐ 稲かり　㋑ 田植え　㋒ 田おこし　㋓ 農薬散布　㋔ もみすり

①(　　) ②(　　) ③(　　)

(2) 田植えに備えて行う、田に水を入れて平らにならす作業を何といいますか。

(　　)

(3) (1)の①〜③の作業と(2)の作業を、作業が行われる順にならべかえましょう。なお、(2)の作業は④として書きましょう。　思考・判断・表現

(　　→　　→　　→　　)

(4) 農業以外で働いている人がいる農家のことを何といいますか。

(　　)

3 米づくりの仕事のくふうについて、答えましょう。

1つ4点、(5)10点（34点）

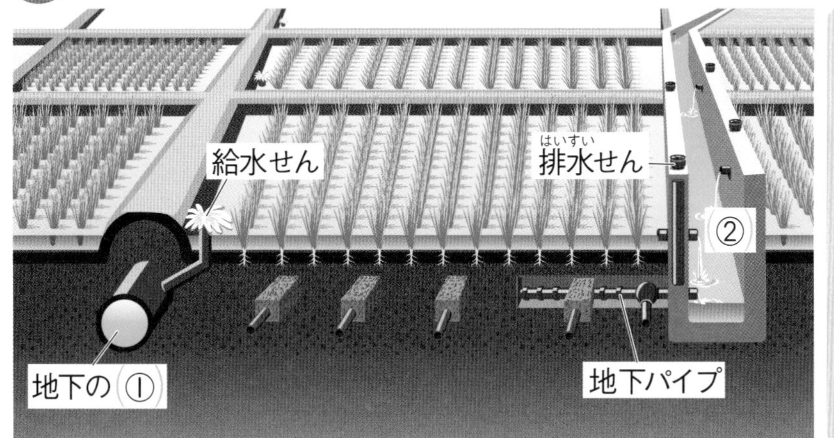

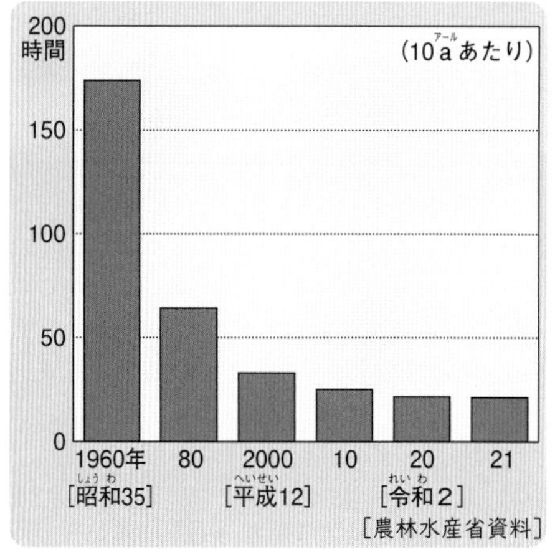

(1) 左上の絵は、水田の水の量を調節するしくみを表しています。①、②にあう言葉を書きましょう。
①(　　　　) ②(　　　　)

(2) 水田の水の量の調節の説明について、正しいものには○を、まちがっているものには×をつけましょう。

①(　　) 水田の水はつねに同じ深さになるように調節している。

②(　　) すべての水田にうまく用水が配分されるように、ポンプ場をコンピューターで管理している。

(3) 田の形を整え、区画を広げ、水路や農道を整備することを何といいますか。
(　　　　)

(4) 右上のグラフは、米づくりの労働時間の変化を表しています。2021年の労働時間は、1960年と比べておよそ何時間減っていますか。㋐～㋒から選びましょう。 技能

㋐ 50時間　㋑ 100時間　㋒ 150時間
(　　)

記述 (5) できたらスゴイ! グラフのように労働時間が減ってきた理由を、かんたんに書きましょう。 思考・判断・表現

(　　　　　　　　)

4 米づくりを支える人たちに関する次の文を読んで、答えましょう。

1つ4点（16点）

水田農業研究所は、品種改良により、(①)や味がよく、病気に強い品種をつくり出してきた。その土地の地形や気候に合わせて、おいしくて育てやすい作物をつくることは、農家の(②)を高めるのに役立つ。庄内平野では、「(③)」が最も多くさいばいされている。

(1) 文中の①～③にあう言葉を、㋐～㋕から選びましょう。

㋐ 生産額　㋑ 生産性　㋒ 肥料　㋓ 品質　㋔ はえぬき　㋕ ひとめぼれ

①(　　) ②(　　) ③(　　)

(2) 農家を中心とした集まりであるJAを日本語で何といいますか。漢字6字で書きましょう。
(　　　　)

ふりかえり 1(2)がわからないときは、36ページの1にもどって確認してみよう。

学習日　月　日

2 米づくりのさかんな地域③

めあて
米づくり農家はどのような課題をかかえているかを理解しよう。

教科書 上86〜93ページ　答え 22ページ

次の（　）に入る言葉を、下から選びましょう。

1 おいしい米を全国に

教科書 上86〜87ページ

庄内平野の米が消費者にとどけられるまで

- 収穫した米は、**カントリーエレベーター**で（①　　　）させてから貯蔵し、JAの計画にしたがって全国各地に出荷される。
  →作業の効率が高まるとともに、米の（②　　　）をそろえることができる。
- 江戸時代には、主に（③　　　）とよばれる貨物船などで東京や大阪の市場に運ばれていた。
- 現在は、北海道へは（④　　　）で、そのほかの地域へは（⑤　　　）や鉄道で運ばれる。
- 米が消費者にとどくまでには、米づくりにかかる**費用**のほかに、輸送や（⑥　　　）など、多くの費用がかかっている。

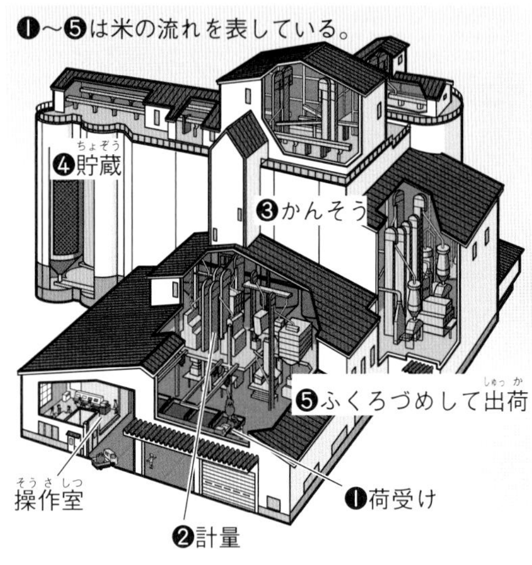

カントリーエレベーターの中

2 米づくり農家のかかえる課題と新しい取り組み／新聞にまとめる

教科書 上88〜91ページ

米余りと生産調整

- 60年ほど前から、米の生産量が消費量を（⑦　　　）、米が余るようになったため、生産を減らす生産調整が行われるようになった。
- （⑧　　　）により、米以外の大豆やねぎなどをつくるようになった。

万t　1500　1000　500　0
生産量　消費量
1960年度 65 70 75 80 85 90 95 2000 05 10 15 2021
［昭和35］　［平成2］　［令和2］
［食料需給表］

米の生産量と消費量の変化

米づくり農家の新しい取り組み

- 農作業の（⑨　　　）がみられる。
- 稲の（⑩　　　）を細かくくだいてたい積し、環境にやさしい肥料をつくる。
- 米づくりのみ力を小学生に伝える。
- なえづくりの仕事を減らすため、水田に種もみを直接まく（⑪　　　）にちょうせんする農家がある。

農業で働く人の数が減り、機械の値段も高いため、共同で農作業をするようになったんだね。

選んだ言葉に✓

□もみがら	□トラック	□北前船	□上回り	□共同化	□転作
□かんそう	□フェリー	□はん売	□直まき	□品質	

ぴったり2

練習

学習日　　月　　日

ぴたトリビア

カントリーエレベーターでは、米をもみのまま保管(ほかん)します。出荷する分だけもみすりをし、玄米(げんまい)にして袋(ふくろ)につめて出荷します。

教科書　上86〜93ページ　　答え　22ページ

1 右のグラフと地図を見て、答えましょう。

(1) 右のグラフは、庄内平野の米がとどけられる地方別のわりあいを表しています。グラフ中のⒶにあう地方を書きましょう。

（　　　　）

(2) 庄内平野の米がフェリーで運ばれる地方を、㋐〜㋒から選びましょう。（　　）

㋐ 北海道地方　　㋑ 東北地方

㋒ 中部地方

(3) 庄内平野の米は、フェリー以外では、どのような輸送手段(しゅだん)で運ばれていますか。2つ書きましょう。

（　　　　）（　　　　）

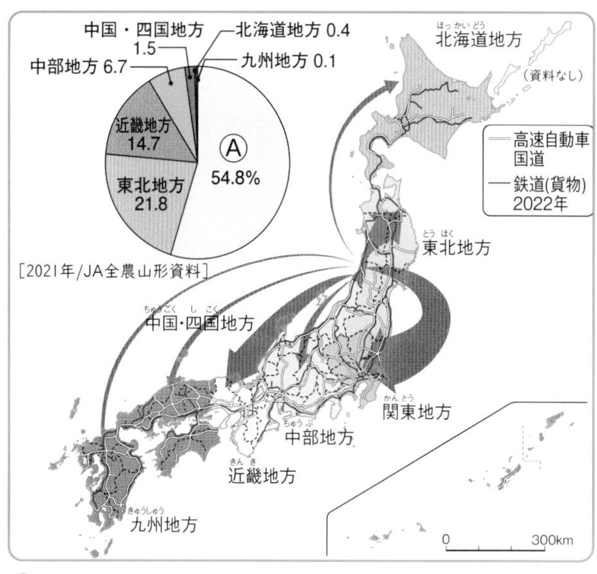

庄内平野の米が全国にとどくまで

2 米づくり農家のかかえる課題と新しい取り組みに関する次の文を読んで、答えましょう。

60年ほど前から、米の（①）量が（②）量を上回り、米が余るようになった。そこで、（①）を減らす（③）が行われるようになった。庄内平野の一部では、<u>それまで育てていた作物の種類をほかの作物に変え</u>、米以外の（④）やねぎなどがつくられるようになった。

(1) 文中の①〜④にあう言葉を［　］から選びましょう。

［ 生産調整　大豆　消費　生産 ］

①（　　　　）②（　　　　）

③（　　　　）④（　　　　）

(2) 下線部のことを何といいますか。

（　　　　）

(3) 米づくりの新しい取り組みの説明について、正しいものには○を、まちがっているものには×をつけましょう。

①（　　）機械を共同でこう入し、共同で農作業をするようになった。

②（　　）手間のかかる種もみの直まきをやめ、なえづくりをするようになった。

ヒント

1 (1) 人口の多い地方への出荷量が多くなります。

1 (2) きょりが遠い場所、海にへだてられた場所へは、船が用いられることが多いです。

2．わたしたちの生活と食料生産

2 米づくりのさかんな地域

/100

合格 80 点

教科書 上86～93ページ　答え 23ページ

1 右の図は、カントリーエレベーターの中を表しています。これについて、答えましょう。

1つ5点（15点）

(1) 図中の㋐～㋓の作業を、作業が行われる順にならべかえましょう。

（　　→　　→　　→　　）

(2) 庄内平野の米の出荷について説明した次の文の、｛　｝の中の正しい言葉を◯で囲みましょう。

カントリーエレベーターで保管された米は、
① ｛ 県・JA ｝ の計画にしたがって、
② ｛ 県内だけ・全国各地 ｝ に出荷される。

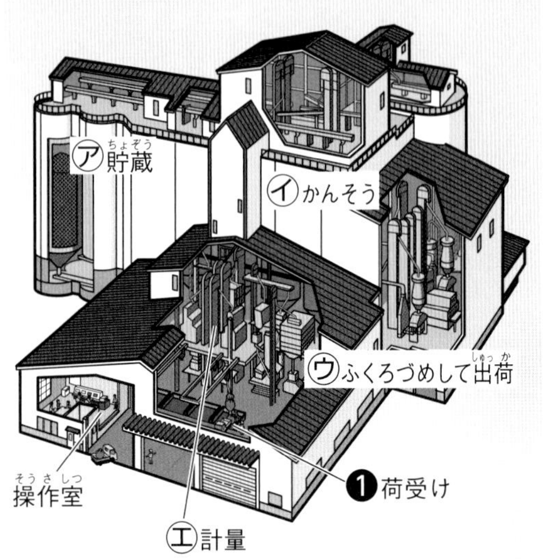

2 次の2つのグラフを見て、答えましょう。

技能 1つ5点（25点）

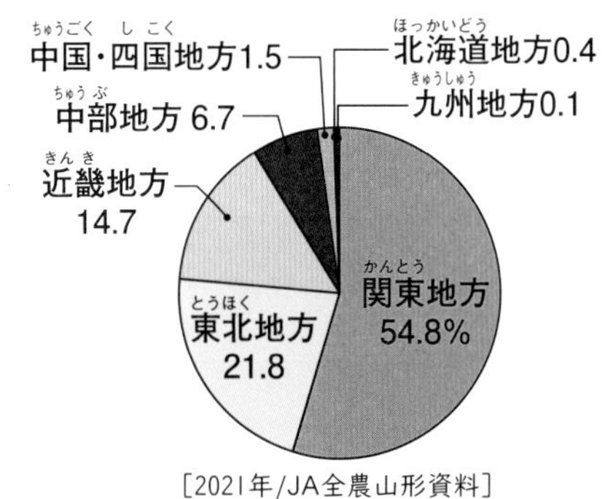

庄内平野の米がとどけられる地方別のわりあい

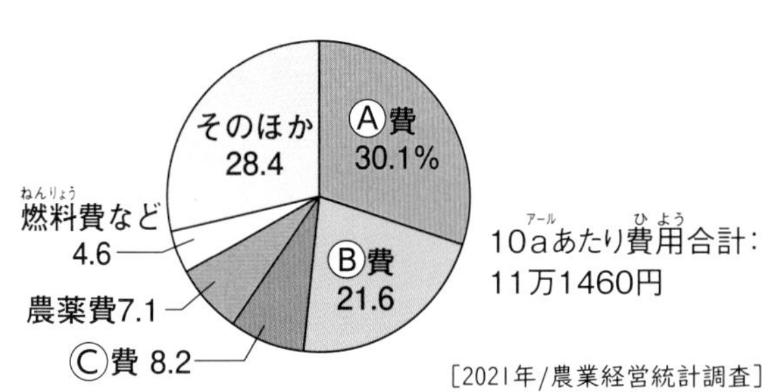

米づくりにかかる費用の例

(1) 左上のグラフから読み取れることとして、正しいものには○を、まちがっているものには×をつけましょう。

①（　　）

庄内平野の米の80％以上は、人口の多い関東地方と近畿地方にとどけられているね。

②（　　）

東北地方から遠く離れた九州地方や、近いけど陸続きでない北海道地方にとどけられる米のわりあいは、全体の1％にも満たないね。

(2) 右上のグラフ中のⒶ～Ⓒにあう言葉を、㋐～㋒から選びましょう。

㋐ 農機具　㋑ 人件　㋒ 肥料

Ⓐ（　　）　Ⓑ（　　）　Ⓒ（　　）

❸ 右のグラフを見て、答えましょう。

1つ5点、(2)10点（25点）

(1) 米の消費量は、グラフ中のⒶ、Ⓑのどちらですか。

（　　）

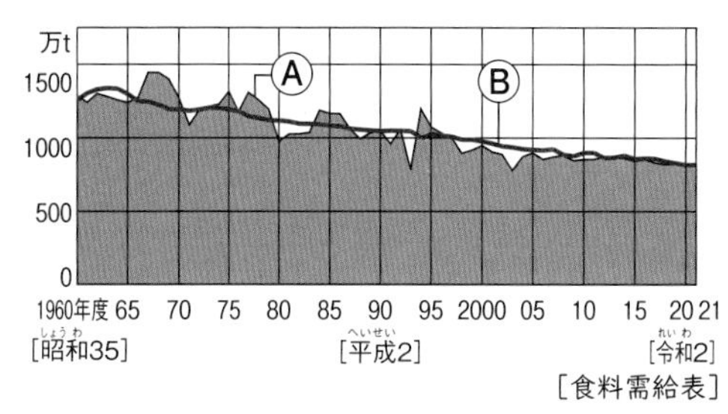

米の生産量と消費量の変化

記述 (2) 庄内平野では、なぜ生産調整が行われるようになりましたか。グラフの1965年度から1970年度ごろに着目し、かんたんに書きましょう。

思考・判断・表現

（　　）

(3) 庄内平野の一部では、転作が行われるようになりました。転作によりつくられるようになった作物を、㋐～㋓から２つ選びましょう。

㋐ きく　㋑ 大豆　㋒ てんさい　㋓ ねぎ

（　　）（　　）

❹ 米づくり農家のかかえる課題と取り組みについて、答えましょう。

1つ5点、(2)10点（35点）

(1) 右のグラフを見て、次の文中の①～③に入る数字を［　］から選びましょう。

1970年には、農業で働く人は（①）万人以上いたが、1990年には（②）万人をきり、2022年には約（③）万人にまで減少している。

200　500　1000　1500　2000

①（　　）　②（　　）　③（　　）

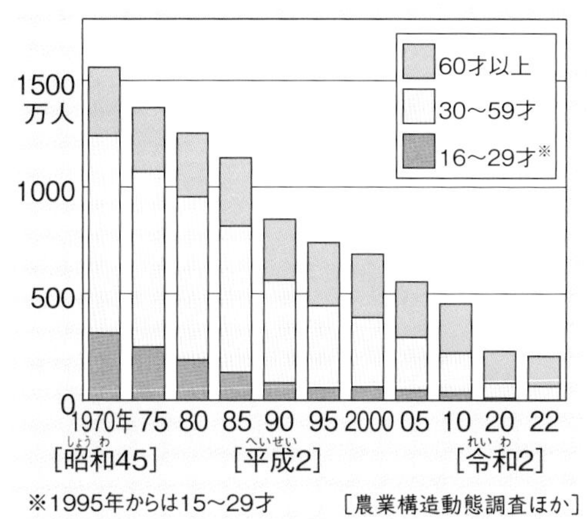

農業で働く人数の変化

記述 (2) できたらスゴイ！ グラフからは、農業で働く人の数が減少していることのほかに、どのようなことが読み取れますか。かんたんに書きましょう。

思考・判断・表現

（　　）

(3) 庄内平野の農家が進めている新しい取り組みを、㋐～㋓から２つ選びましょう。

思考・判断・表現

㋐ 作業を効率的に進めるため、種もみの直まきにちょうせんする農家がある。
㋑ ヘリコプターなどの機械をたくさん使い、個人で農作業を行う農家が増えている。
㋒ 収穫した米を細かくくだいてたい積し、環境にやさしい肥料をつくっている。
㋓ 米づくりについての出前授業を行い、小学生に米づくりのみ力を伝えている。

（　　）（　　）

この本の終わりにある「夏のチャレンジテスト」をやってみよう！

ふりかえり ❸(2)がわからないときは、42ページの❷にもどって確認してみよう。

3 水産業のさかんな地域①

学習日　月　日

めあて
日本の近海に世界有数の漁場が広がる理由を理解しよう。

教科書 上94～101ページ　答え 24ページ

 次の（　）に入る言葉を、下から選びましょう。

1 魚を食べる日本

教科書 上94～95ページ

✪ 日本近海の漁場

- 日本の近海には、水深200mぐらいまでのゆるやかな斜面の海底である（①　　　）が広がり、魚のよいえさとなる（②　　　）が豊富。
- 温度の高い**暖流**と、温度の低い（③　　　）がぶつかる三陸沖を中心に、魚の種類が豊富で、世界有数の漁場となっている。

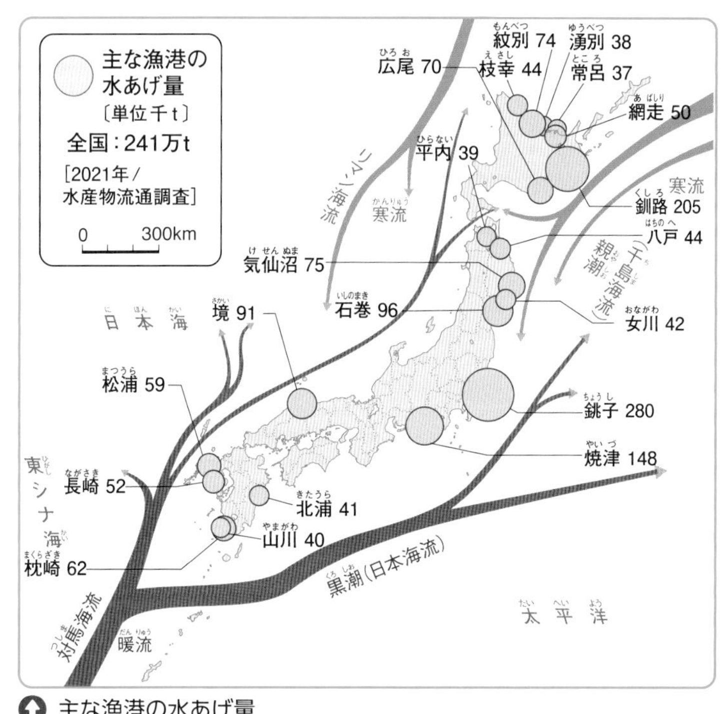

主な漁港の水あげ量

2 かつお漁の方法／枕崎漁港から食卓へ／かつお節をつくる

教科書 上96～101ページ

ワンポイント　漁業の分類

- （④　　　）…遠くの海に出かけて、長い期間にわたって行う漁業。
- （⑤　　　）…10t以上の船を使って、数日がかりで行う漁業。
- **沿岸漁業**…10t未満の船を使う漁や、定置あみ、地引きあみ漁業。

✪ 枕崎漁港に水あげされるかつお

- かつおは赤道近くで生まれ、（⑥　　　）に乗って日本近海にやってくる。夏ごろには三陸沖まで移動し、秋になり、**寒流**が強まると南の海に帰る。
- 1匹ずつつり上げる一本づりや、まきあみで一度に多くの魚をとる（⑦　　　）でとり、船内で急速に冷凍して品質を保つ。
- 漁港に**水あげ**された魚は、種類や大きさごとに仕分けし、箱づめした後、（⑧　　　）にかける。
- 漁港周辺の加工工場では、かつお節などの（⑨　　　）をつくっている。外国出身の人も多く働いている。

まきあみ漁のしくみ

選んだ言葉に✓

□プランクトン	□黒潮	□まきあみ漁	□遠洋漁業	□せり
□水産加工品	□寒流	□大陸だな	□沖合漁業	

ぴたトリビア

魚をとったり育てたりする仕事が漁業です。漁業のほか、魚を加工したり、魚を売り買いしたり取引したりする仕事を合わせて水産業といいます。

教科書　上94～101ページ　答え　24ページ

1 右の地図を見て、答えましょう。

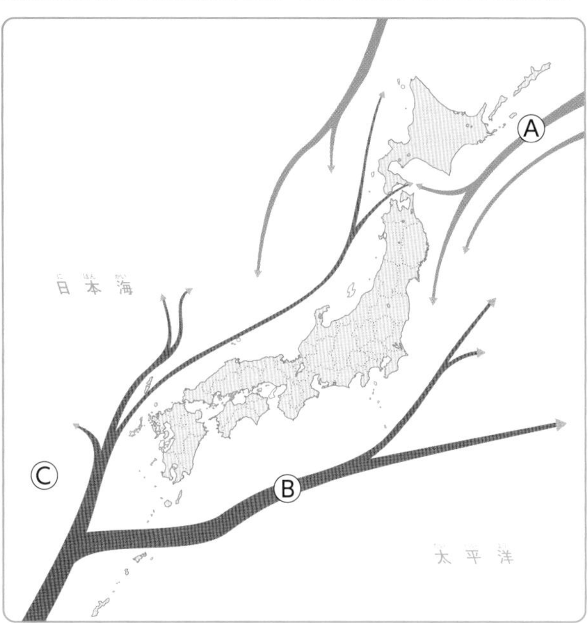

(1) 地図中のⒶ、Ⓑの海流は、暖流、寒流のどちらですか。

Ⓐ（　　　）
Ⓑ（　　　）

(2) 地図中のⒸの海を何といいますか。

（　　　）

(3) 日本近海の説明について、正しいものには○を、まちがっているものには×をつけましょう。

①（　　）水深200mぐらいまでの大陸だながが広がり、プランクトンが豊富である。

②（　　）対馬（つしま）海流とリマン海流がぶつかる三陸沖は、世界有数の漁場となっている。

2 漁業の分類と枕崎漁港の水産業について、答えましょう。

(1) 漁業の分類とその説明について、あうものを線で結びましょう。

① 遠洋漁業 •　　• ㋐10t未満の船を使う漁や、定置あみ、地引きあみ漁業。

② 沖合漁業 •　　• ㋑10t以上の船を使って、数日がかりで行う漁業。

③ 沿岸漁業 •　　• ㋒遠くの海に出かけて、長い期間にわたって行う漁業。

(2) 枕崎漁港でとれた魚が食卓（しょくたく）にとどくまでの流れについて、正しいものには○を、まちがっているものには×をつけましょう。

①（　　）とったかつおは、新鮮（しんせん）さを保つため、生のまま漁港まで運ばれる。

②（　　）漁港に水あげされた魚は、手作業で種類や大きさごとに分けられる。

③（　　）さしみ用のかつおは、保冷機能（ほれいきのう）のついたトラックで全国各地へ運ばれる。

④（　　）かつお節の加工工場では、日本人だけが働いている。

(3) 売りに出されたものに、買いたい人が値段（ねだん）を示（しめ）し合って、値段と買う人を決めていく方法を何といいますか。

（　　　）

ヒント　1 (1) Ⓐは親潮（千島海流）、Ⓑは黒潮（日本海流）です。

3 水産業のさかんな地域②

学習日　月　日

めあて
日本の水産業がかかえる課題や取り組みを理解しよう。

教科書 上102〜109ページ　答え 25ページ

次の（　）に入る言葉を、下から選びましょう。

1 つくり育てる漁業

教科書 上102〜103ページ

ワンポイント つくり育てる漁業

- （①　　　）…たまごから成魚になるまで、いけすなどで育ててからとる漁業。
- （②　　　）…人間の手で魚や貝のたまごをかえして、川や海に放流し、自然の中で育ててからとる漁業。

鹿児島県錦江湾の養しょくとさいばい漁業

- 海水温が年間を通して高く、海も深く、波が（③　　　）であるため、かんぱち、ぶりなどの**養しょく**がさかん。
- かんぱちの稚魚（魚の子ども）を25〜30cmくらいまで中国で育て、その後は垂水市で、病気や台風、（④　　　）などに気をつけながら育てている。
- かんぱちの（⑤　　　）化…より高い値段で売り買いするため、えさをくふうしている。
- まだいやひらめの**さいばい漁業**にも取り組んでいる。

さいばい漁業のしくみ

赤潮
海中のプランクトンが増えすぎることで赤潮が発生すると、海中の酸素が少なくなり、魚が死ぬなどの被害が出る。

2 日本の水産業がかかえる課題／プレゼンテーションソフトを使ってまとめる／香川県の特色ある養しょく ひろげる

教科書 上104〜109ページ

日本の水産業の課題

- （⑥　　　）（約370km）の**排他的経済水域**により、魚をとる範囲が決められたことで、1970年代後半ごろから（⑦　　　）の漁獲量が減った。
- 漁場の環境の悪化や魚のとりすぎによって水産資源が減り、外国から安い魚の（⑧　　　）が増えたことで、1990年ごろから沖合漁業や（⑨　　　）の漁獲量が減った。

漁業別の生産量の変化

- 漁業や水産加工で働く人の数が減ったため、外国人（⑩　　　）が多く働いている。

香川県のはまちとサーモンの養しょく

- 瀬戸内海の東部に位置する香川県は、島が多く、気候が温暖で、近年は養しょくがさかん。
- はまちとサーモンは出荷時期がずれるため、1年で2種類のブランド魚を出荷できる。

選んだ言葉に✓

□さいばい漁業	□沿岸漁業	□ブランド	□技能実習生	□赤潮
□遠洋漁業	□養しょく	□おだやか	□200海里	□輸入

学習日　月　日

ぴたトリビア

各国の沿岸から200海里(約370km)までの排他的経済水域(200海里水域)の中では、外国の船は勝手に漁をしてはいけない決まりになっています。

教科書 上102～109ページ　答え 25ページ

1 垂水市のつくり育てる漁業について、答えましょう。

(1) つくり育てる漁業の一つで、たまごから成魚になるまで、いけすなどで育ててからとる漁業を何といいますか。

(　　　　)

(2) つくり育てる漁業の一つで、人間の手で魚や貝のたまごをかえして、川や海に放流し、自然の中で育ててからとる漁業を何といいますか。

(　　　　)

(3) 次の文中の①～④にあう言葉を、㋐～㋕から選びましょう。

かんぱちの稚魚は、25～30cmくらいまで ① で育て、その後は ② で育てる。ワクチンを接種(せっしゅ)するなどして、魚が建康に育つよう気をつけている。えさに鹿児島県産の茶葉や焼酎(しょうちゅう)のかすを配合するなどのくふうによって ③ 化したかんぱちは、より ④ 値段で売り買いされる。

①(　　) ②(　　) ③(　　) ④(　　)

㋐ 高い　㋑ 安い　㋒ 垂水市　㋓ 中国　㋔ ビタミン　㋕ ブランド

(4) 海中のプランクトンが大量に発生することで起こる現象(げんしょう)を何といいますか。

(　　　　)

2 日本の水産業がかかえている課題について、答えましょう。

(1) 沖合漁業にあうものを、右のグラフ中のⒶ～Ⓒから選びましょう。

(　　)

(2) 1970年代後半ごろからⒷの漁獲量が減った理由として、各国の魚をとる範囲が決められたことがあげられます。この範囲を何といいますか。

(　　　　)

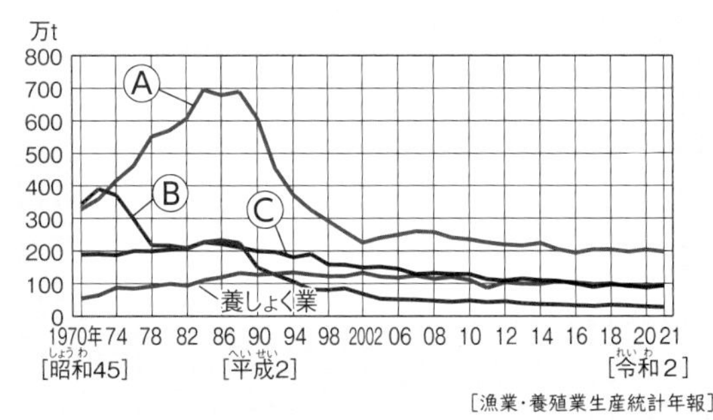

漁業別の生産量の変化

(3) (2)の範囲は、沿岸から何海里までですか。

(　　　　)海里

(4) 日本の水産業を守るための取り組みについて、正しいものには○を、まちがっているものには×をつけましょう。

①(　　) 漁獲量が減った魚については、漁を数年間やめたり、その年にとることのできる魚の量や期間を決めたりしている。

②(　　) 日本の技術(ぎじゅつ)を守るため、漁業で働く外国人の数を減らしている。

ヒント ❶(4) 海中の酸素が少なくなり、魚が死ぬなどの被害が出てしまいます。

2．わたしたちの生活と食料生産

3 水産業のさかんな地域

教科書 上94～109ページ　答え 26ページ

1 日本近海の漁場に関する次の文を読んで、答えましょう。　1つ5点、(2)10点（35点）

日本の近海は、水深（①）mぐらいまでの大陸だなが広がり、よい漁場となっている。また、日本のまわりには4つの海流が流れている。暖流には、太平洋岸を北上する（②）と、東シナ海から日本海に流れこんで北上する（③）があり、寒流には、太平洋岸を南下する（④）と、日本海を南下するリマン海流がある。（②）と（④）がぶつかる三陸沖は、世界有数のよい漁場となっている。

(1) よく出る 文中の①～④にあう言葉や数字を書きましょう。

①（　　）②（　　）
③（　　）④（　　）

記述 (2) できたらスゴイ！ 下線部について、大陸だながよい漁場となる理由を、「えさ」という言葉を使って、かんたんに書きましょう。　思考・判断・表現

（　　）

(3) 2021年現在、日本で最も水あげ量が多い漁港を、㋐～㋒から選びましょう。

㋐ 釧路　㋑ 銚子　㋒ 焼津　（　　）

2 鹿児島県の枕崎漁港のかつお漁について、答えましょう。　1つ4点（24点）

(1) 次の文中の①～④にあう言葉を、㋐～㋔から選びましょう。

かつおは、季節によって場所を移動（回遊）する魚であり、（①）で生まれたのち、（②）に乗って日本近海にやってくる。夏ごろ（③）まで移動してさらに大きくなり、秋になって（④）が強まると南の海へ帰っていく。

①（　　）②（　　）③（　　）④（　　）

㋐ 三陸沖　㋑ 赤道近く　㋒ 枕崎市　㋓ 寒流　㋔ 暖流

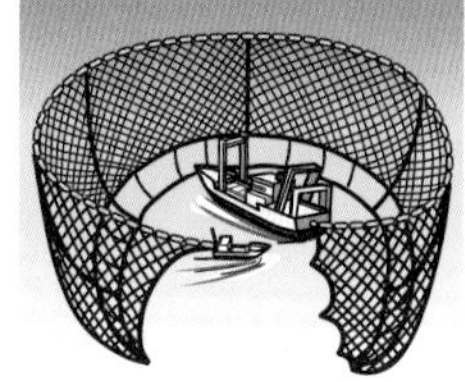

(2) 右の絵は、一度に多くの魚をとる漁のしくみを表しています。この漁法を何といいますか。（　　）

(3) 枕崎漁港に水あげされた後の魚の流れの説明として正しいものを、㋐～㋒から選びましょう。　思考・判断・表現

㋐ 水あげされた魚を、機械で種類や大きさごとに分ける。

㋑ せりでは、かけ声やほしい魚の値段や量を書いた札を投げるなどの合図でだれが買うかが決まる。

㋒ さしみ用のかつおは、枕崎市内へはトラックで、全国各地へは船で輸送される。

（　　）

学習日　　月　　日

3 鹿児島県垂水市のつくり育てる漁業について、答えましょう。　1つ3点、(2)9点（21点）

(1) 垂水市のつくり育てる漁業に関する次の会話を読んで、正しいものには○を、まちがっているものには×をつけましょう。

①（　　）

錦江湾は、海水温が年間を通して低く、海が浅く波がおだやかなことが、かんぱちの養しょくに適しているね。

②（　　）

かんぱちの養しょくは、稚魚が成魚になって出荷されるまでに1年半から2年かかるよ。

③（　　）

かんぱちをブランド化することで、より高い値段で売り買いされるようになったよ。

④（　　）

垂水市では、水産資源を守るため、大きすぎるまだいやひらめはとってはいけないと決められているよ。

記述 (2) さいばい漁業とはどのような漁業か、かんたんに書きましょう。　思考・判断・表現

（　　　　　　　　　　）

4 日本の水産業がかかえる課題について、答えましょう。　1つ5点（20点）

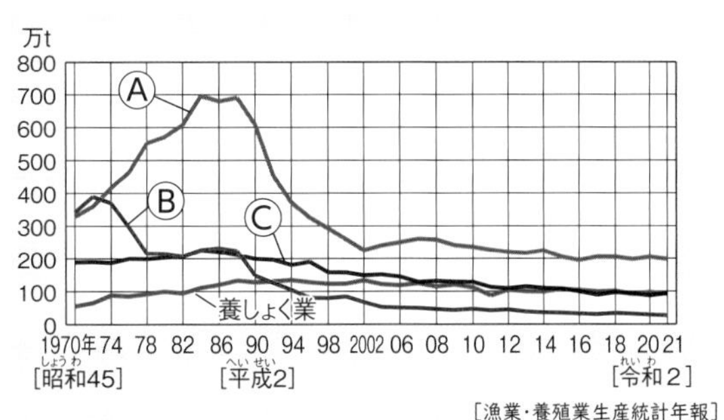

漁業別の生産量の変化

(1) グラフ中のⒶ～Ⓒにあう言葉を［　　］から選びましょう。

沿岸漁業　遠洋漁業　沖合漁業

Ⓐ（　　　　）　Ⓑ（　　　　）　Ⓒ（　　　　）

(2) 1970年代後半ごろからⒷの漁獲量が減った理由を、㋐～㋒から選びましょう。

思考・判断・表現

㋐ 各国が排他的経済水域を設定し、外国のまわりの海で自由に漁ができなくなったため。
㋑ 赤潮が発生して多くの魚が死に、水産資源そのものが減ったため。
㋒ 外国から安い魚が輸入されるようになったため。

（　　）

ふりかえり　❶(2)がわからないときは、46ページの❶にもどって確認してみよう。

関東平野のレタスづくり／福島盆地の果物づくり／宮崎県の肉牛の飼育

学習日　　月　　日

めあて
各地の地形や気候に合った作物がつくられることを理解しよう。

教科書 上110～113ページ　答え 27ページ

次の　　　に入る言葉を、下から選びましょう。

1 関東平野のレタスづくり

教科書 上110～111ページ

✪ レタスづくりのくふう

- 茨城県坂東市の岩井地区では、１年に２回（春と秋）に収穫できるレタスをつくる農家が多い。
- 春に収穫するレタスは、（①　　　　）の間に育てるため、レタスがこおらないよう、（②　　　　）をトンネルのように張ってつくる。
- 秋に収穫するレタスは、（③　　　　）から秋にかけて育てるため、害虫、長雨や台風による（④　　　　）に注意している。

1～3月	静岡県29.3%	茨城県22.7%	長崎県17.5%	そのほか30.5%
4～6月	長野県39.6	茨城県26.5	群馬県21.0	そのほか12.9
7～9月	長野県85.8	群馬県11.4	茨城県1.8	そのほか1.0
10～12月	茨城県45.5	静岡県13.9	長崎県9.8	そのほか30.8

0　50　100%
〔2022年/東京都中央卸売市場月報〕

↑東京都の市場に出荷されるレタスの県別わりあい

2 福島盆地の果物づくり

教科書 上112ページ

✪ ももづくりのくふう

- 福島盆地では、阿武隈川ぞいの（⑤　　　　）のよい土地と、夏の気温の高さを利用した果物づくりがさかんである。
- ももをつくる農家では、春先から余分な花や実を（⑥　　　　）ことで、夏に残った実が大きく育ち、味もあまくおいしくなる。
- 収穫したももは、選果場で一つずつ光センサーで（⑦　　　　）して、大きさやあまさをそろえ、安全なものだけを出荷する。

↑花を間引く様子　↑検査の様子

3 宮崎県の肉牛の飼育

教科書 上113ページ

✪ 肉牛の飼育のくふう

- 宮崎県は、一年を通してあたたかく、自然が豊かという特色を生かして畜産業がさかん。
- 肉牛の農家には、子牛を産ませて８か月から９か月程度まで育てる（⑧　　　　）と、その子牛を買い取り、肉牛として出荷するまで育てる（⑨　　　　）がある。
- 牛に万歩計をつけて（⑩　　　　）できるタイミングを予想できるようにしている。
- 2010年に口蹄疫の感染が広がり、多くの牛やぶたなどが処分された。その後、生産者や関係団体が一丸となって防疫強化に取り組んだ結果、現在は海外への輸出量も増えている。

選んだ言葉に✔				
□ビニール	□病気	□肥育農家	□夏	□にんしん
□間引く	□検査	□繁殖農家	□冬	□水はけ

学習日　　月　　日

ぴたトリビア

茨城県坂東市は、東京都の市場までのきょりが近いことから、レタスやねぎなど、新鮮(しんせん)さが求められる野菜の生産がさかんです。

教科書 上110～113ページ　答え 27ページ

1 関東平野のレタスづくりについて、答えましょう。

(1) 茨城県坂東市の岩井地区のレタスづくりのくふうについて、正しいものには○を、まちがっているものには×をつけましょう。

① (　　) 冬に育てるときは、ビニールをトンネルのように張り、レタスがこおらないようにする。

② (　　) 夏から秋に育てるときは、害虫、長雨や台風による赤潮(あかしお)に注意する。

③ (　　) レタスの種には、暑さに強い種や寒さに強い種があり、種選びにも注意する。

(2) 右のグラフ中のⒶ、Ⓑにあう県を［　］から選びましょう。

［茨城県　長野県］

Ⓐ(　　　　)

Ⓑ(　　　　)

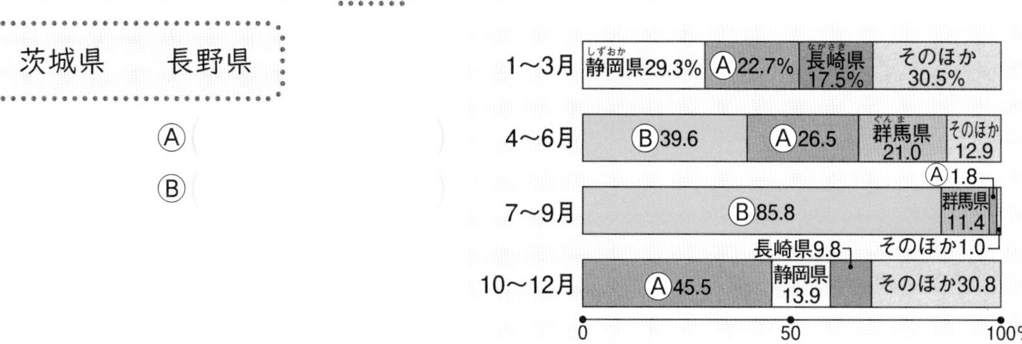

東京都の市場に出荷されるレタスの県別わりあい

2 福島盆地の果物づくりについて、答えましょう。

(1) 福島盆地で果物づくりがさかんな理由を、㋐～㋒から選びましょう。(　　)

㋐ 東京都の市場まで1時間半で果物を運ぶことができるため。

㋑ 水はけのよい土地が広がり、夏に気温が高くなるため。

㋒ 一年を通してあたたかく、自然が豊かなため。

(2) 右の絵の作業の説明を、㋐・㋑から選びましょう。(　　)

㋐ ももの実が大きく育つように、余分な花を間引いている。

㋑ 安全なももだけを出荷するため、ももの品質(ひんしつ)の検査をしている。

3 宮崎県の肉牛の飼育に関する次の文中の①～④にあう言葉を［　］から選びましょう。

(①)農家が産ませ、8か月から9か月程度まで育てた子牛は、(②)農家に買い取られ、肉牛として出荷するまで育てられる。2010年に宮崎県で広がった口蹄疫の感染は、(③)業だけでなく、宮崎県内のくらしや経済(けいざい)に大きなえいきょうをおよぼした。その後、てっていした防疫強化に取り組んだ結果、海外への(④)量が増えている。

［畜産　繁殖　肥育　輸出］

①(　　　　)　②(　　　　)

③(　　　　)　④(　　　　)

ヒント
1 (2) 茨城県では春と秋にレタスを収穫するのに対し、長野県では夏でもすずしい気候を生かして夏の収穫量が多いです。

ぴったり1 準備

3分でまとめ

2．わたしたちの生活と食料生産

4 これからの食料生産とわたしたち①

学習日　　月　　日

めあて
食生活の変化が食料品の輸入増加につながったことを理解しよう。

教科書 上114～117ページ　答え 28ページ

次の　　に入る言葉を、下から選びましょう。

1 日本の食料生産をめぐる課題

教科書 上114～115ページ

輸入にたよる日本の食料

- 日本は、小麦や（①　　　）のほとんどを輸入している。
- 日本の（②　　　）は、ほかの国と比べてとても低く、50年ごろ前からは、約３分の２に減っている。
- 1993年には記録的な（③　　　）のえいきょうで、外国から大量の米を輸入したことがある。

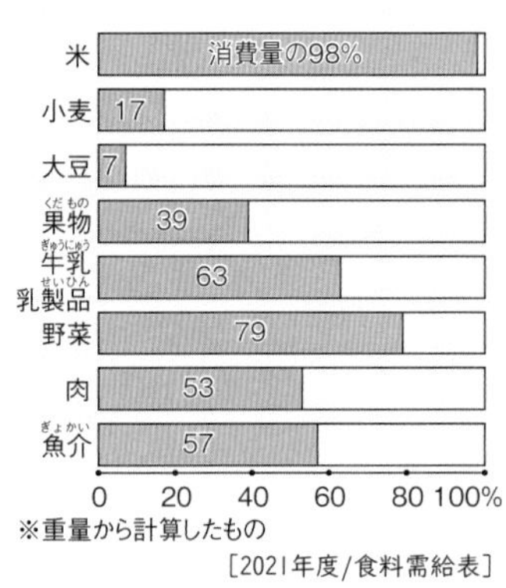

主な食料の自給率

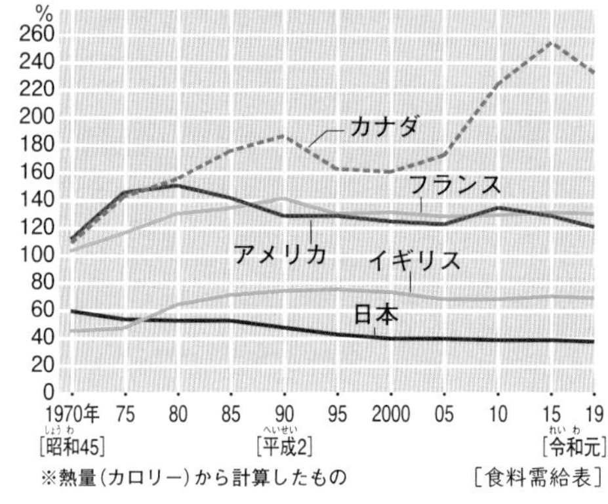

日本と主な国の食料自給率

国内で米の生産量が十分に確保できず、タイ米などが輸入されたよ。

2 わたしたちの食生活の変化と食料自給

教科書 上116～117ページ

食生活の変化と食料品の輸入量の変化

- 食生活が和風から洋風に変化した。
- 1960年と今の１日の食べ物のわりあいの変化を比べると、（④　　　）が減り、（⑤　　　）のほか、肉やその加工品、（⑥　　　）などの畜産物が増えた。
- 食料自給率の（⑦　　　）米の消費が減り、外国産の（⑧　　　）食料品の輸入が増えることで、日本の食料全体の自給率が低下している。

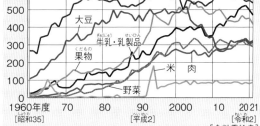

万t 700 600 500 400 300 200 100 0
小麦　大豆　牛乳・乳製品　果物　米　肉　野菜
1960年度 70 80 90 2000 10 2021
［昭和35］［平成2］［令和2］
［食料需給表］

食料品別の輸入量の変化

「食品ロス」の問題

- 売れ残りや期限をすぎた食品、食べ残しなどの、まだ食べられる食品を大量にすてている「（⑨　　　）」が問題となっている。

日本の「食品ロス」は約523万トンで、年間の食品廃棄量の約５分の１をしめるよ！

選んだ言葉に✓
□米　□小麦　□高い　□食料自給率　□冷夏
□大豆　□乳製品　□安い　□食品ロス

学習日　　月　　日

その国の市場で売り買いされる食料のうち、国内生産された食料のわりあいを食料自給率といいます。

教科書 上114～117ページ　答え 28ページ

1 日本の食料生産をめぐる課題について、答えましょう。

(1) 右のグラフは、主な食料の自給率を表しています。グラフ中のⒶ～Ⓒにあうものを　から選びましょう。

大豆　肉　野菜

Ⓐ(　　　)
Ⓑ(　　　)
Ⓒ(　　　)

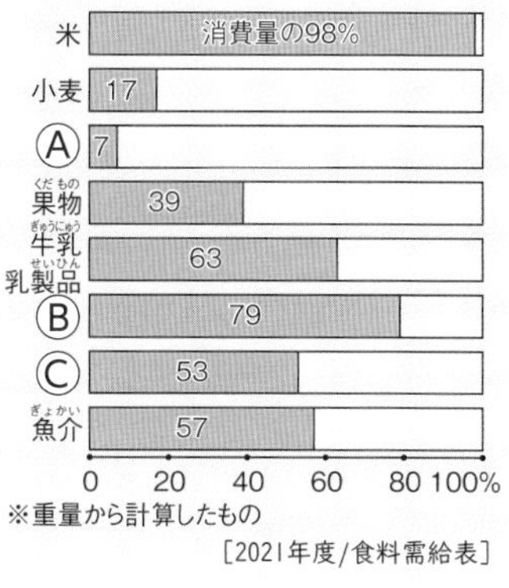

(2) 右下のグラフは、日本と主な国の食料自給率を表しています。グラフから読み取れることとして、正しいものには○を、まちがっているものには×をつけましょう。

①(　　　) 2019年に食料自給率が100%をこえている国は、カナダだけである。

②(　　　) 2019年の日本の食料自給率は、約40%である。

③(　　　) 日本の1970年と2019年の食料自給率を比べると、約3分の1に減っている。

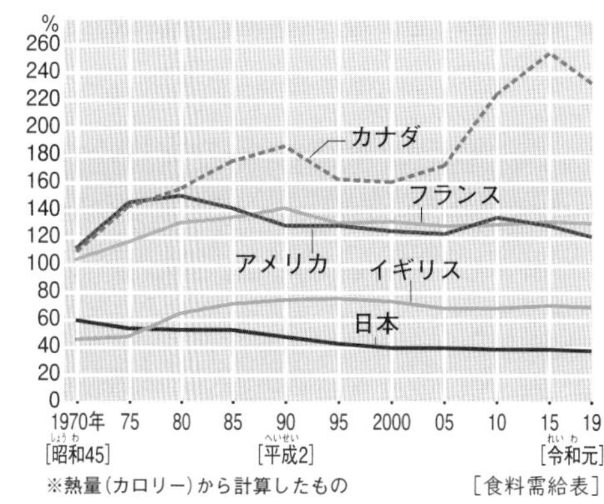

2 右のグラフは、一人1日あたりの食べ物のわりあいの変化(カロリーベース)を表しています。これを見て、答えましょう。

(1) グラフ中のⒶ～Ⓒにあうものを　から選びましょう。

小麦　米　畜産物

Ⓐ(　　　)
Ⓑ(　　　)
Ⓒ(　　　)

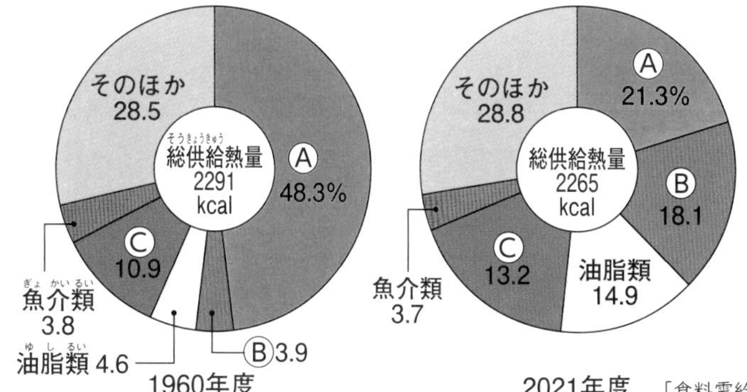

(2) 食生活の変化と食料自給について説明した次の文の、{　}の中の正しい言葉を○で囲みましょう。

この60年ほどで、わたしたちの食生活は①{和風・洋風}から②{和風・洋風}に変化した。③{和食・洋食}を食べることが増えるにつれ、米の消費が④{増える・減る}一方で、小麦や肉など外国産の⑤{高い・安い}食料品の輸入が増え、日本の食料全体の自給率が低下している。

ヒント 2 (1) 畜産物には、肉やその加工品、乳製品などがふくまれます。

4 これからの食料生産とわたしたち②

学習日　　月　　日

めあて
食の安心・安全のために行われている取り組みを理解しよう。

教科書 上118〜123ページ　答え 29ページ

次の（　　）に入る言葉を、下から選びましょう。

1 食の安心・安全への取り組み

教科書 上118〜119ページ

✪ スーパーマーケットの取り組み

- 商品のシールから農産物の生産者やさいばいの記録がわかるなど、（①　　　　　　　）のしくみが整えられている。

産地を表示して売られる牛肉

✪ 検疫所の取り組み

- 日本と外国では、使用できる（②　　　　　　　）や食品てんか物がちがうため、食品を輸入するときは、**検疫所**にとどけ出を提出し、日本の法律にあった原材料やつくり方でつくられたものかを検査する。

✪ 輸送のきょりと環境への負担との関係

- （③　　　　　　　）…食料を輸送するときの環境への負担を数字で表したもの。生産地から食卓までのきょりが短い方が、負担は少ない。

遠い国から船などで輸送すると、多くの石油が使われ、環境への負担が大きくなるよ。

2 食料を安定して確保する／意見文にまとめる／食料生産の新たな取り組み

教科書 上120〜123ページ

✪ 食料の安定確保の取り組み

- 地元の食材を食べる（④　　　　　　　）に取り組み、国内の食料自給率を高める。
- （⑤　　　　　　　）を設立し、農業・林業・水産業で働く人を増やす。

	農業・林業・水産業	工業など	商業など
1950年［昭和25］	48.3%	21.4%	30.3%
2022年［令和4］	3.1	23.1	73.8

0　20　40　60　80　100%

［労働力調査年報　令和4年ほか］

産業別の人口のわりあいの変化

✪ 食料生産の新たな取り組み

- 高知県馬路村では、ゆずの生産、加工、（⑥　　　　　　　）までを自分たちで行っている。
- 鹿児島県伊佐市では、えさをくふうして黒ぶたを育てている。
- 青森県五所川原市の十三湖では、水産資源を守るため、しじみのとり方や量、期間などを決めるなど、（⑦　　　　　　　）な漁業を行っている。
- 沖縄県南大東村では、（⑧　　　　　　　）でリーフレタスやみずななどを生産している。天候のえいきょうを受けず、安定して生産できる。

選んだ言葉に✔

□フードマイレージ　□農業法人　□持続可能　□はん売
□トレーサビリティ　□植物工場　□地産地消　□農薬

学習日　月　日

ぴたトリビア

検疫所は、全国の主な港や空港にあり、海外からの入国者による感染症の流入を防いだり、輸入食品の安全を守るための検査を行ったりします。

教科書 上118～123ページ　答え 29ページ

1 食の安心・安全への取り組みについて、答えましょう。

(1) 次の文中の①～③にあう言葉を、㋐～㋔から選びましょう。

スーパーマーケットでは、売られている野菜に生産者の顔や（①）を示す表示をしたり、商品のシールから農産物の生産者やさいばいの（②）などがわかるようにしたりするなど、（③）のしくみが整えられてきている。

㋐ トレーサビリティ　㋑ 個体識別番号　㋒ 名前
㋓ フードマイレージ　㋔ 記録

①（　　）②（　　）③（　　）

(2) 検疫所の仕事として正しいものを、㋐・㋑から選びましょう。（　　）

㋐ 外国の法律で認められた農薬や食品てんか物が使われているかを検査する。
㋑ 日本の法律にあった原材料やつくり方でつくられているかを検査する。

2 食料の安定確保への取り組みについて、答えましょう。

(1) 日本の食料生産がかかえる課題とその取り組みの説明について、正しいものには○を、まちがっているものには×をつけましょう。

①（　　）農業・林業・水産業で働く人の数が減り、耕地面積も減ってきている。
②（　　）食料を安定して確保するには、輸入食品を多く食べることが重要である。

(2) 住んでいる土地のそばで生産された食材を食べる取り組みを何といいますか。

（　　　　）

(3) 日本の地域とそこで行われている取り組みについて、あうものを線で結びましょう。

① 鹿児島県伊佐市　・　・ ㋐農業協同組合と地域の人が協力して、ゆずの生産、加工、はん売までを行っているよ。
② 沖縄県南大東村　・　・ ㋑しじみのとり方や量、期間などを決めて漁業をしているよ。
③ 青森県五所川原市　・　・ ㋒豊かな自然の中で、さつまいもをふくんだえさを使って黒ぶたを育てているよ。
④ 高知県馬路村　・　・ ㋓コンテナ型の植物工場で、天候に左右されずに葉物野菜を生産しているよ。

ヒント　1 (2) 日本と外国では、使用できる農薬や食品てんか物がちがいます。

2．わたしたちの生活と食料生産

4 これからの食料生産とわたしたち

教科書 上114～123ページ　答え 30ページ

1 食料自給率について、答えましょう。

1つ4点（24点）

(1) 日本の主な食料のうち、2021年度の自給率が50％未満のものを、㋐～㋖から３つ選びましょう。
（　　）（　　）（　　）

㋐ 小麦　㋑ 大豆　㋒ 野菜　㋓ 牛乳・乳製品
㋔ 肉　㋕ 果物　㋖ 魚介

(2) 右のグラフは、日本と主な国の食料自給率を表しています。グラフ中のⒶ～Ⓒにあう国を［　　］から選びましょう。 技能

アメリカ　カナダ　日本

Ⓐ（　　）
Ⓑ（　　）
Ⓒ（　　）

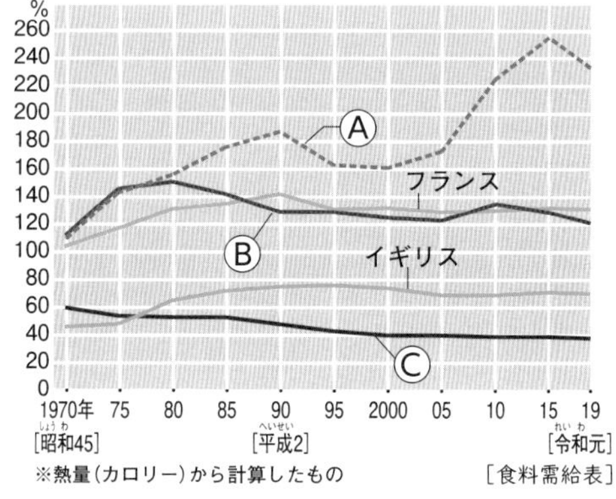

2 右のグラフは、食料品別の輸入量の変化を表しています。これを見て、答えましょう。

1つ5点、(3)10点（25点）

(1) 1960年度と比べて、2021年度の輸入量が最も増えた食料品は何ですか。 技能
（　　）

(2) 1993年には日本国内で米不足となり、外国から大量の米を輸入しました。この年に米不足となった理由を、㋐・㋑から選びましょう。 思考・判断・表現

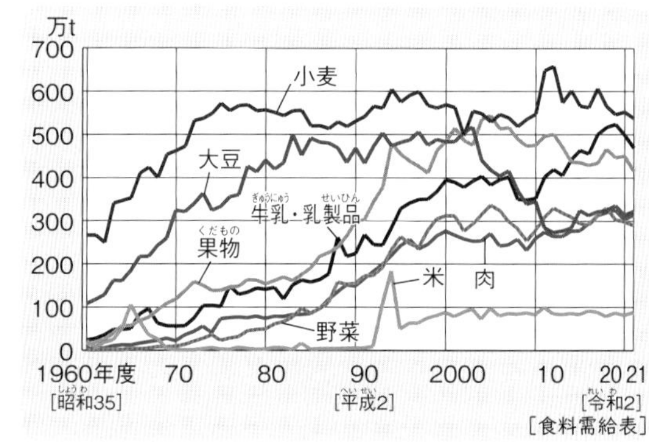

㋐ 夏に雨がふらず、かんばつとなって稲が育たなかったため。
㋑ 夏に気温が上がらず、冷夏となって稲が育たなかったため。
（　　）

記述 (3) 

日本で食料の輸入が増えたのにはさまざまな理由があります。その理由を、日本人の食生活の点から、かんたんに書きましょう。 思考・判断・表現

（　　）

(4) 売れ残りや期限をすぎた食品、食べ残しなど、まだ食べられるのにすてられている食品のことを何といいますか。
（　　）

3 食の安全・安心への取り組みについて、答えましょう。

1つ5点（35点）

(1) スーパーマーケットの取り組みにあてはまるものには㋐を、検疫所の仕事にあてはまるものには㋑を書きましょう。

①（　　）

入国者による感染症の流入を防ぐよ。

②（　　）

商品にはられているシールからさいばいの記録などがわかるようにしているよ。

③（　　）

食品の原材料やつくり方が日本の法律にあっているかを検査するよ。

④（　　）

生産者の顔がわかるようにくふうして売るよ。

(2)  次の文中の①～③にあう言葉を書きましょう。

国外から食料を輸入するときや、国内で食料を輸送するときの環境への負担を数字で表す（①）の考え方によると、生産地から食卓までのきょりが（②）ほど負担が大きいとされる。そのため、住んでいる土地のそばで生産された食材を使う（③）は、食料自給率を上げるだけでなく、環境への負担を減らすことにもつながる。

①（　　）　②（　　）　③（　　）

4 次の表は、日本各地の食料生産の新たな取り組みを表しています。表中の①～④にあう言葉を□から選びましょう。

1つ4点（16点）

	青森県五所川原市	高知県馬路村	鹿児島県伊佐市	沖縄県南大東村
育てているもの	しじみ	ゆず	黒ぶた	リーフレタスなどの葉物野菜
取り組み	水産資源を守るため、とり方や量、（①）などを決めて漁業を行っている。	農業協同組合と地域の人が協力して、生産、（②）、はん売までを行っている。	さつまいもをふくんだ（③）で育てている。	植物工場で、（④）のえいきょうを受けることなく安定して生産している。

えさ　加工　期間　天候

①（　　）　②（　　）
③（　　）　④（　　）

ふりかえり ❷(3)がわからないときは、54ページの❷にもどって確認してみよう。

学習日　　月　　日

1 くらしを支える工業生産①

めあて
工業は、つくられる製品によって分類されることを理解しよう。

教科書 下2～5ページ　答え 31ページ

次の　　　に入る言葉を、下から選びましょう。

1 わたしたちの生活をとりまく工業製品

教科書 下2～3ページ

わたしたちのくらしと工業

- （①　　　　　）…道具や機械を使ってもの（原材料）に手を加え、形や性質を変えたり、組み立てたりして、人の役に立つものをつくる産業。
- 工業製品の改良は、生活を便利にしたり、支えたりしてきた。

日本の工業生産額は、1970年ごろから急増しているね。

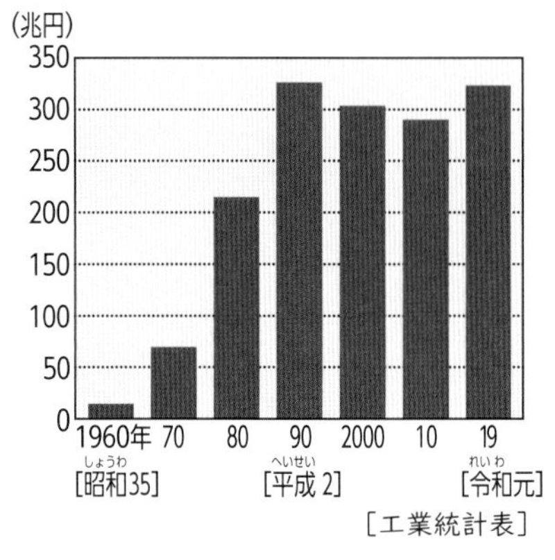

日本の工業生産額の変化

2 わたしたちの生活に役立つ工業製品／日本各地でつくられている工業製品

教科書 下4～5ページ

工業の分類

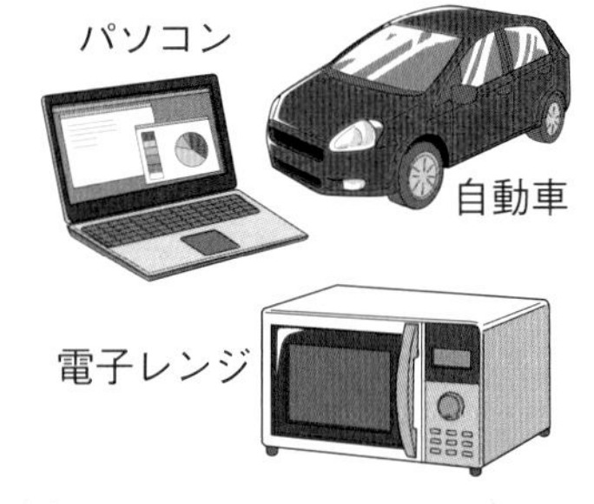

（②　　　　　）工業

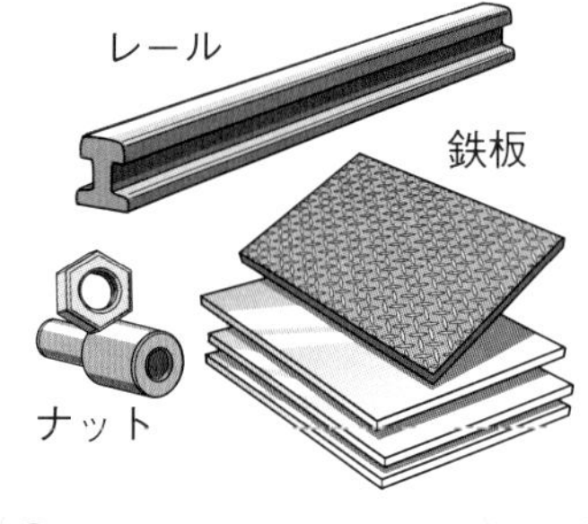

（③　　　　　）工業

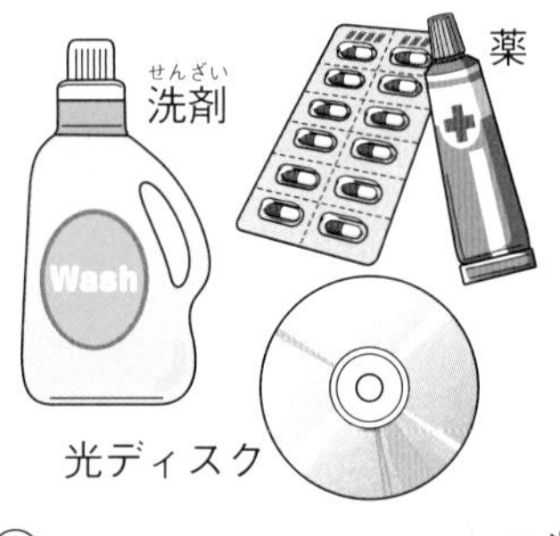

（④　　　　　）工業

（⑤　　　　　）工業

（⑥　　　　　）工業

そのほかの工業

日本各地でつくられている工業製品

- 広島県呉市の（⑦　　　　　）、愛媛県今治市のタオル、静岡県掛川市の（⑧　　　　　）、茨城県日立市のそうじ機、岩手県盛岡市の南部鉄器など、各地でさまざまな工業製品がつくられている。

選んだ言葉に✓

□食料品	□ピアノ	□金属	□工業
□せんい	□機械	□化学	□船

ぴったり2

練習

学習日　月　日

ぴたトリビア

日本の工業は、明治時代にせんい工業を中心とした軽工業からはじまりました。特に蚕のまゆからつくられる生糸は、重要な輸出品となりました。

教科書 下2～5ページ　答え 31ページ

1 右のグラフは、日本の工業生産額の変化を表しています。これを見て、答えましょう。

(1) 次の文中の①～③にあう数字を、㋐～㋕から選びましょう。

日本の工業生産額は、（①）年から（②）年までの10年間で最も大きく増え、2019年は約（③）兆円となっている。

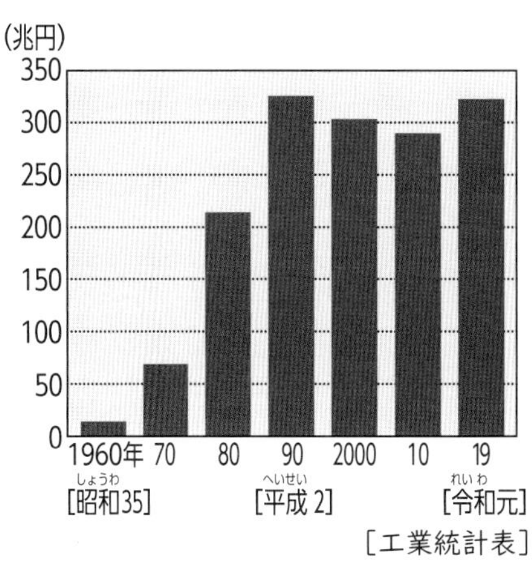

［工業統計表］

㋐ 290　㋑ 320　㋒ 400
㋓ 1960　㋔ 1970　㋕ 1980

①（　）②（　）③（　）

(2) 工業の説明について、正しいものには○を、まちがっているものには×をつけましょう。

①（　）工業とは、道具や機械を使ってもの（原材料）の形や性質を変えるなどして、人の役に立つものをつくる産業である。

②（　）工業製品は、一度つくられると同じ性能の製品がつくられ続ける。

2 工業の分類と工業製品について、答えましょう。

(1) 工業の分類とつくられる工業製品の例について、あうものを線で結びましょう。

① 金属工業 ・　・ ㋐レール、ナット、鉄板

② 化学工業 ・　・ ㋑自動車、パソコン、電子レンジ

③ 機械工業 ・　・ ㋒洗剤、光ディスク、薬

(2) 次の文中の①～④にあう言葉を、㋐～㋕から選びましょう。

日本各地には多くの工場があり、さまざまな工業製品がつくられている。広島県呉市では（①）、愛媛県今治市では（②）、静岡県掛川市では（③）、岩手県盛岡市では（④）の生産がさかんである。

㋐ 水とう　㋑ 南部鉄器　㋒ 船　㋓ タイヤ　㋔ タオル　㋕ ピアノ

①（　）②（　）③（　）④（　）

2 (1)① 金属工業は、鉄鉱石・銅鉱などの鉱石から金属を取り出し、加工する工業です。
2 (1)② 化学工業は、主な生産工程に化学反応が利用される工業です。

3. わたしたちの生活と工業生産

1 くらしを支える工業生産②

めあて
太平洋側の海ぞいに工業のさかんな地域が多いことを理解しよう。

教科書 下6～9ページ　答え 32ページ

次の（　）に入る言葉を、下から選びましょう。

1 工業がさかんな地域の分布と特色

教科書 下6～7ページ

工業がさかんな地域

- 原材料・燃料の輸入や製品の輸出に便利な太平洋の海ぞいの（①　　　）に、**工業地域**や**工業地帯**が帯のように広がる。
  →工業生産額は、日本全体の2分の1以上をしめる。

新しい工業地域

- （②　　　）が全国に広がり、内陸部にも工業地域が広がるようになった。

工業生産額が最も多いのは、中京工業地帯だよ。

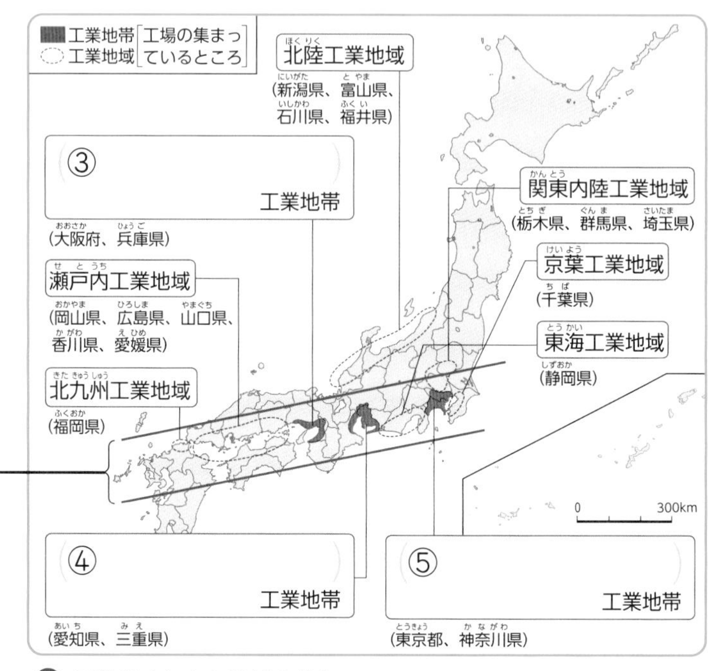

工業がさかんな地域の分布

2 日本の工業生産の特色／ノートにまとめる

教科書 下8～9ページ

ワンポイント 大工場と中小工場

- **大工場**…働いている人が300人以上の工場。日本の工場数の1％であるが、工業生産額は（⑥　　　）以上をしめる。
- **中小工場**…働いている人が300人未満の工場。日本の工場数の（⑦　　　）をしめる。

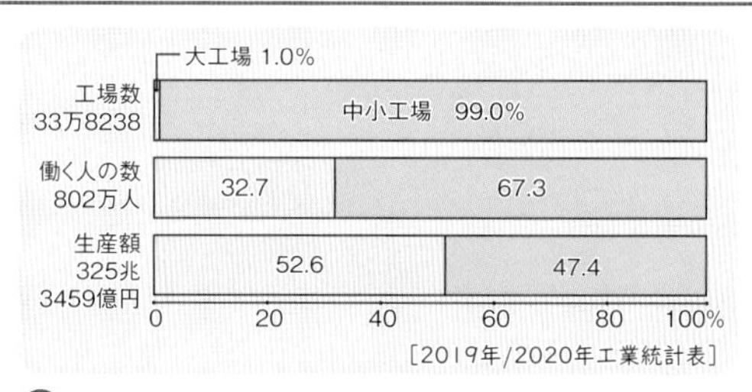

大工場と中小工場のわりあい

工業の中心の移り変わり

- 昔は（⑧　　　）が大きなわりあいをしめていたが、2019年は（⑨　　　）のわりあいが最も大きい。

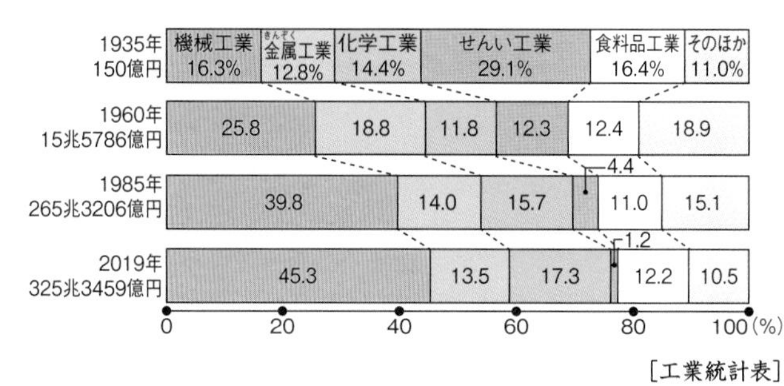

工業種類別の工業生産額のわりあいの変化

選んだ言葉に✓
50%　太平洋ベルト　機械工業　京浜　中京
99%　せんい工業　高速道路　阪神

学習日　月　日

高速道路が全国に広がり、トラックを使って原材料や製品を運ぶことができるようになったため、内陸部にも工業地域が広がりました。

教科書　下6～9ページ　答え　32ページ

1 右の地図は、工業がさかんな地域の分布を表しています。これを見て、答えましょう。

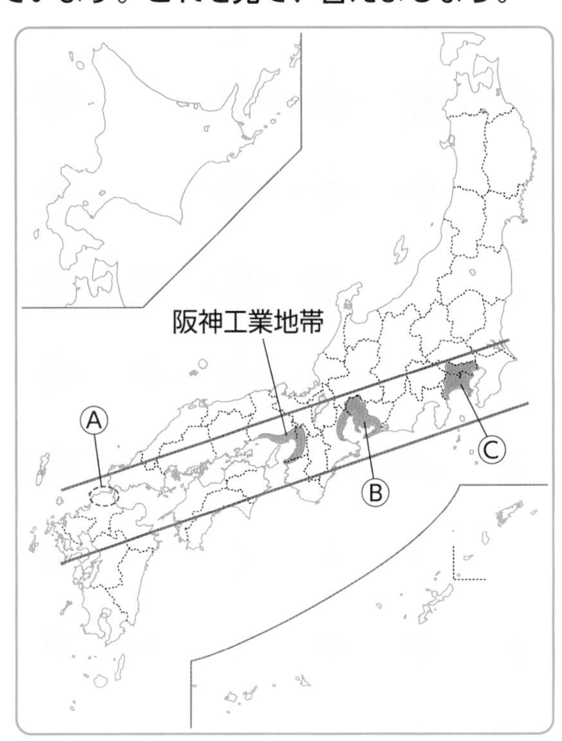

(1) 地図中のⒶ～Ⓒにあう工業地域・工業地帯の名前を書きましょう。

Ⓐ(　　　)
Ⓑ(　　　)
Ⓒ(　　　)

(2) 地図中の＿＿で囲（かこ）まれた地域を何といいますか。

(　　　)

(3) (2)の地域の説明として正しいものを、㋐・㋑から選びましょう。

(　　　)

㋐ この地域で工業がさかんなのは、船で原材料や製品を輸送するのに便利だからである。
㋑ この地域の外側に工業地域はみられない。

2 日本の工業生産の特色について、答えましょう。

(1) 大工場とは、働く人の数が何人以上の工場のことをいいますか。

(　　　)人以上

(2) 大工場と中小工場の説明について、正しいものには○を、まちがっているものには×をつけましょう。

①(　　) 工場数を比（くら）べると、中小工場の方が大工場よりも多い。
②(　　) 大工場全体で働く人の数の方が、中小工場全体で働く人の数よりも多い。
③(　　) 大工場全体の生産額の方が、中小工場全体の生産額よりも多い。

(3) 右のグラフ中のⒶ～Ⓒにあう工業を［　］から選びましょう。

［せんい　化学　機械］

Ⓐ(　　　)工業
Ⓑ(　　　)工業
Ⓒ(　　　)工業

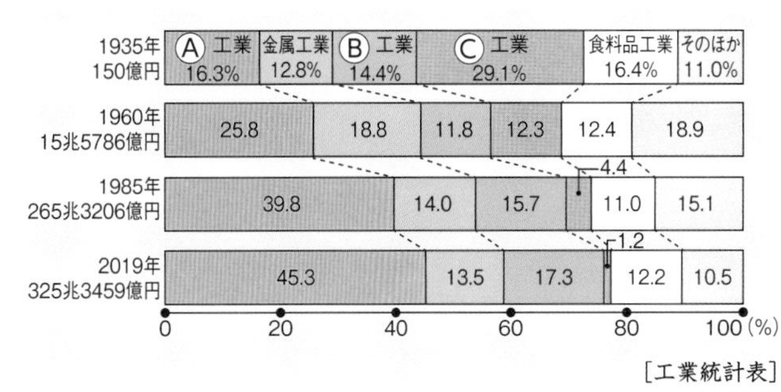

工業種類別の工業生産額のわりあいの変化

ヒント 1 (1)Ⓑ 日本の工業地域・工業地帯の中で最も生産額が多いです。

3．わたしたちの生活と工業生産

1 くらしを支(ささ)える工業生産

教科書 下2～9ページ　答え 33ページ

1 工業の分類について、答えましょう。

1つ5点（40点）

(1) 工業の分類とその説明について、あうものを線で結びましょう。

① せんい工業　・　　・ ㋐鉄鉱石(てっこうせき)・銅鉱(どうこう)・ボーキサイトなどの鉱石から金属を取り出し、加工する。

② 化学工業　・　　・ ㋑綿(めん)・羊毛・化学せんいなどを加工する。日本では明治(めいじ)時代からさかんになった。

③ 食料品工業　・　　・ ㋒農作物、畜産物(ちくさんぶつ)、水産物(すいさんぶつ)などを加工する。

④ 金属(きんぞく)工業　・　　・ ㋓主な生産工程(こうてい)に化学反応(はんのう)が利用される。

(2) よく出る (1)の①～④の工業でつくられる工業製品(せいひん)を、㋐～㋕から選びましょう。

①(　　　)　②(　　　)　③(　　　)　④(　　　)

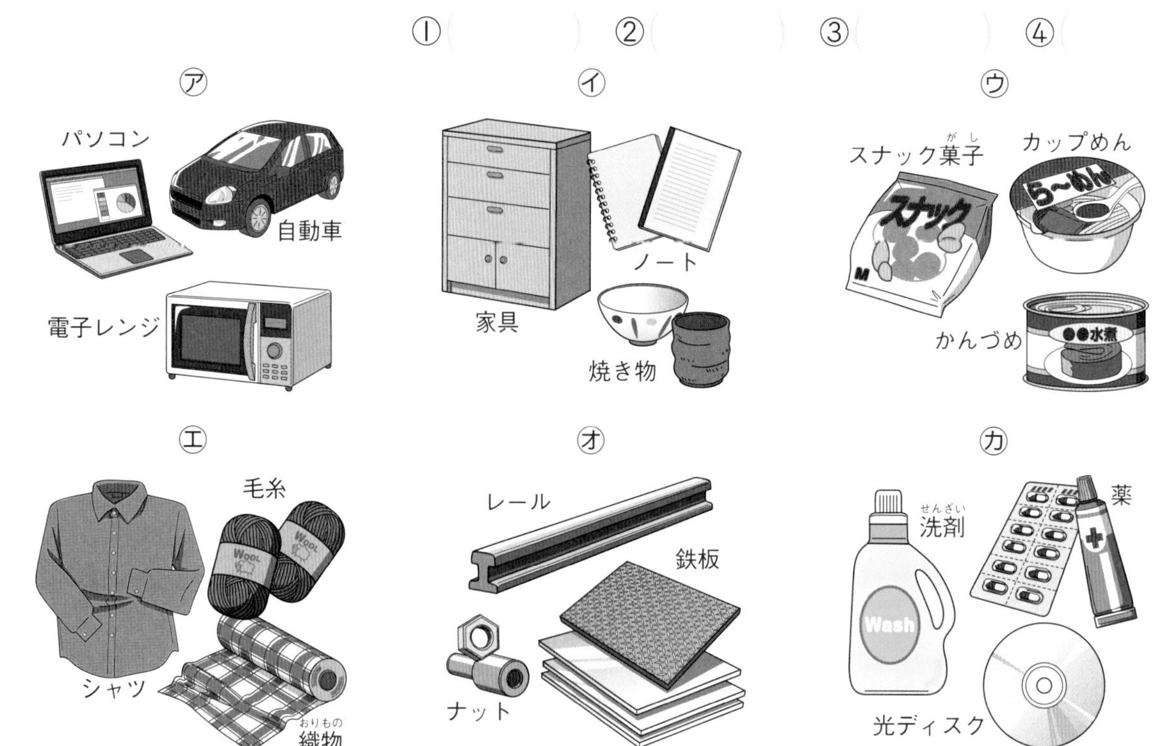

❷ 工業がさかんな地域に関する次の文を読んで、答えましょう。　1つ4点、(3)(5)10点（52点）

日本の主な工業地域・工業地帯は、関東地方の南部から九州地方の北部にかけて帯状に広がっている。2019年の工業生産額が最も多いのは（①）工業地帯であり、そのうちわけを見ると、（②）工業が7わり近くをしめる。

(1) 文中の①、②にあう言葉を書きましょう。

①（　　　　）②（　　　　）

(2) よく出る 下線部の地域を何といいますか。（　　　　）

記述 (3) (2)の地域で工業がさかんな理由を、「輸送」という言葉を使って、かんたんに書きましょう。

思考・判断・表現

（　　　　　　　　　　）

(4) 右の地図中のⒶ～Ⓔにあう工業地域の名前を［　　］から選びましょう。

関東内陸　京葉　瀬戸内
東海　北陸

Ⓐ（　　　　）工業地域
Ⓑ（　　　　）工業地域
Ⓒ（　　　　）工業地域
Ⓓ（　　　　）工業地域
Ⓔ（　　　　）工業地域

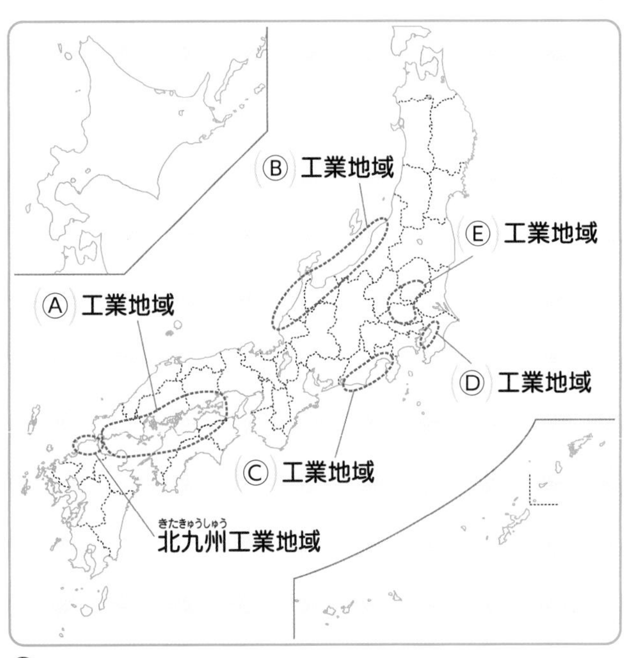

⬆ 日本の工業地域

記述 (5) できたらスゴイ! 地図中のⒺの工業地域のように、内陸部にも工業地域が広がるようになった理由を、かんたんに書きましょう。

思考・判断・表現

（　　　　　　　　　　）

❸ 右のグラフは、大工場と中小工場のわりあいを表しています。これを見て、答えましょう。

技能　1つ4点（8点）

(1) グラフ中のⒶ、Ⓑは、大工場または中小工場のいずれかです。中小工場はどちらですか。（　　）

	Ⓐ	Ⓑ
工場数 33万8238	1.0%	99.0%
働く人の数 802万人	32.7	67.3
生産額 325兆3459億円	52.6	47.4

0　20　40　60　80　100%

［2019年/2020年工業統計表］

(2) 中小工場全体の働く人の数は約何万人ですか。㋐～㋒から選びましょう。

㋐ 約260万人　㋑ 約540万人　㋒ 約800万人

（　　）

❷(5)がわからないときは、62ページの❶にもどって確認してみよう。

学習日 月 日

2 自動車をつくる工業①

めあて
自動車がつくられるまでの流れを理解しよう。

教科書 下10～15ページ　答え 34ページ

次の（　　）に入る言葉を、下から選びましょう。

1 日本の自動車工業／さかんな自動車工業

教科書 下10～13ページ

自動車工業がさかんな愛知県豊田市

- 日本の工業では、機械工業が最もさかんで、中でも（①　　　　）のわりあいが高い。
- 日本の自動車生産額は、（②　　　　）が最も多く、自動車会社の本社がある愛知県豊田市のまわりには、自動車工場や（③　　　　）がたくさんある。

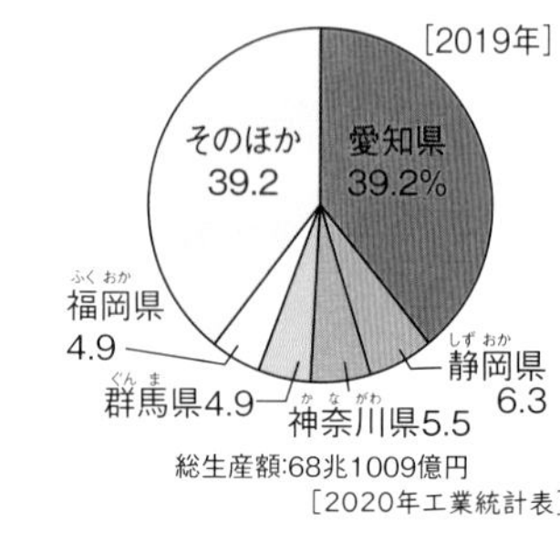

都道府県別の輸送用機械の生産額のわりあい

2 自動車を組み立てる工場

教科書 下14～15ページ

自動車づくりの流れ

プレス
- プレス機を使い（④　　　　）からドア、ゆか、屋根などをつくる。

↓

ようせつ
- 主に（⑤　　　　）を使い、部品をつなぎ合わせて車体に仕上げる。

↓

とそう
- ようせつされた車体をあらい、さまざまな色にぬり分ける。

↓

組み立て
- （⑥　　　　）で、コンベヤーが車体をのせたまま動いていく間に、（⑦　　　　）、タイヤ、シートなどの部品を取りつける。

↓

検査
- 組み立てられた自動車を検査し、合格したものだけを出荷する。

1台の自動車に、約3万個もの部品が使われているよ。

- 消費者の注文に合わせて、ちがう種類、ちがう部品を使う自動車を、一つの流れの中でつくっている。

自動車づくりのくふう

- 異常が起きたり、作業がおくれたりした場合はよび出しボタンをおし、（⑧　　　　）とよばれる表示や音で知らせる。

選んだ言葉に✔
□組み立てライン　□アンドン　□関連工場　□鉄の板
□輸送用機械　□エンジン　□ロボット　□愛知県

人や物を運ぶ乗り物のことを輸送用機械といいます。自動車のほか、オートバイ、船、飛行機、鉄道車両などがあります。

教科書 下10～15ページ　答え 34ページ

1 日本の自動車工業に関する次の文を読んで、答えましょう。

日本の工業は機械工業が中心であるが、中でも輸送用機械のわりあいが高く、1年間に自動車を約800万台生産している（2019年）。都道府県別の輸送用機械の生産額のわりあいが最も大きいのは（①）県で、その次に大きいのが（②）県である。自動車会社の本社がある（①）県（③）市の周辺には、自動車工場や関連工場が集まっている。

(1) 文中の①～③にあう言葉を書きましょう。

①（　　　）②（　　　）③（　　　）

(2) 下線部について、輸送用機械にふくまれるものを、㋐～㋔から2つ選びましょう。

㋐ スマートフォン　㋑ 飛行機　㋒ そうじ機　㋓ テレビ　㋔ 船

（　　）（　　）

2 次の絵は、自動車づくりの流れを表しています。これを見て、答えましょう。

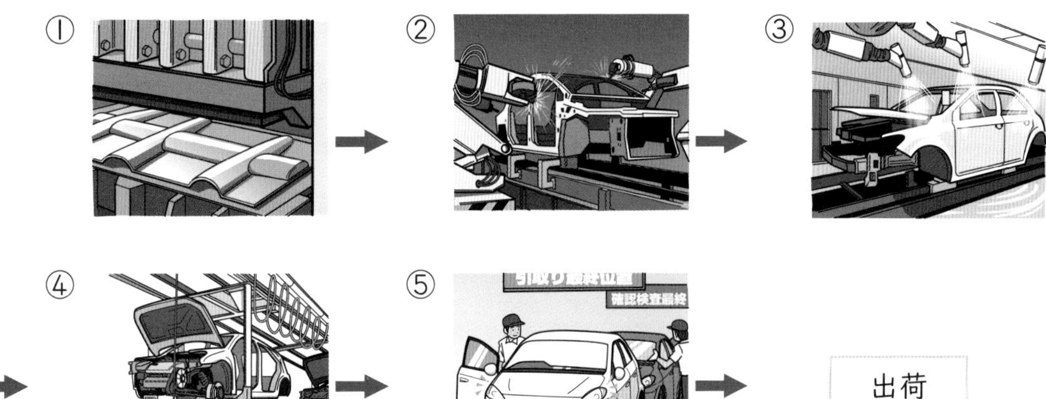

(1) ①～⑤の絵にあう作業を、㋐～㋔から選びましょう。

㋐ 組み立て　㋑ 検査　㋒ とそう　㋓ プレス　㋔ ようせつ

①（　　）②（　　）③（　　）④（　　）⑤（　　）

(2) ①～④の作業の内容にあてはまるものを、㋐～㋓から選びましょう。

㋐ 機械で鉄の板を折り曲げたり打ちぬいたりして、ドアなどをつくる。

㋑ 車体のさびを防（ふせ）いだり、見ばえをよくしたりするため、4回行う。

㋒ 部品を電気やレーザー光の熱でとかしてつなぎ合わせる。

㋓ 一定の速さで進むラインの上で、分たんしてエンジンなどの部品を取りつける。

①（　　）②（　　）③（　　）④（　　）

ヒント

1 (1)① 中京（ちゅうきょう）工業地帯にふくまれる県です。

1 (1)② 東海（とうかい）工業地域がある県で、オートバイの生産がさかんです。

ぴったり1 準備

3．わたしたちの生活と工業生産

2 自動車をつくる工業②

学習日　　月　　日

めあて
自動車の現地生産にはよい点と悪い点があることを理解しよう。

教科書 下16～23ページ　答え 35ページ

次の（　　）に入る言葉を、下から選びましょう。

1 自動車の部品をつくる工場／世界とつながる自動車　教科書 下16～19ページ

✪ 自動車の部品をつくる関連工場

- 自動車のシートやハンドルなどの部品の多くは、豊田市やその周辺の（①　　　）でつくられる。一つの部品にはさらに小さな部品が使われており、それらは別の**関連工場**でつくられる。
- 組み立て工場の作業に合わせて、必要な数だけ部品をつくり、時間通りにとどける。

✪ 完成した自動車の輸送

- 組み立て工場に近いはん売店や港には（②　　　）とよばれるトラックで運ぶ。
- 遠くのはん売店や海外へは、港で（③　　　）に積みこんで運び、はん売店に近い港で再びトラックに積みかえる。

✪ 自動車工場の海外移転

- 世界のいろいろな国に工場をつくり、現地で自動車を生産する（④　　　）を行うことで、輸送にかかる費用や時間をかけずにすみ、より安く、早く売ることができる。

組み立て工場
部品をつくる工場
小さな部品をつくる工場
細かな部品をつくる工場

⬆ 組み立て工場と関連工場のつながり

工場がつくられた国の仕事が増える分、日本国内の仕事は減ってしまうのではないかな。

2 人々の願いに合わせた自動車開発／CMにまとめる　教科書 下20～23ページ

✪ 人にやさしい自動車の開発

- 自動車自体が、周辺のきけんをさけながら走行する自動運転技術。
- 車いすのまま乗車できる車や、手だけで運転できる車。
- しょうとつしたときに安全を守る（⑤　　　）。

✪ 環境にやさしい自動車の開発

（⑥　　　）	水素と酸素から電気をつくり、水だけを排出する。
（⑦　　　）	電気でモーターを回すため、走行時に二酸化炭素が出ない。

- 地球温暖化の原因とされる（⑧　　　）の排出量をゼロにする**脱炭素社会**の実現をめざしている。

選んだ言葉に✔
□燃料電池自動車　□自動車専用船　□エアバッグ　□関連工場
□キャリアカー　□電気自動車　□温室効果ガス　□現地生産

学習日　月　日

ハイブリッド車とは、ガソリンエンジンと電気モーターを組み合わせて走る自動車です。ガソリンを使用する量が少なくてすみ、燃費(ねんぴ)がよいです。

教科書 下16～23ページ　答え 35ページ

1 自動車の部品をつくる関連工場と自動車の輸送について、答えましょう。

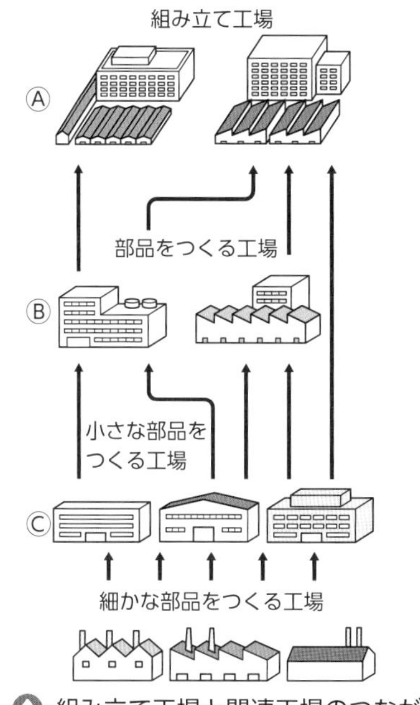

組み立て工場と関連工場のつながり

(1) 右の図中のⒶ～Ⓒの工場の例を、㋐～㋒から選びましょう。

㋐ シートに使う布(ぬの)や部品をつくる工場。

㋑ シートを自動車に取りつける工場。

㋒ 部品を組み立ててシートをつくる工場。

Ⓐ(　　　) Ⓑ(　　　) Ⓒ(　　　)

(2) 組み立て工場と関連工場のつながりについて、正しいものには○を、まちがっているものには×をつけましょう。

①(　　　) 関連工場は、組み立て工場の近くに建てられることが多い。

②(　　　) 部品が不足する事態(じたい)に備(そな)えて、関連工場は組み立て工場の注文に対して部品を多めにとどける。

(3) 右の絵は、完成した自動車を国内のはん売店や港に運ぶためのトラックです。このようなトラックを何といいますか。

(　　　　　)

(4) 日本の自動車会社は、世界のいろいろな国に工場をつくって自動車を生産するようになりました。このことを何といいますか。

(　　　　　)

2 人々の願いに合わせた自動車開発について、答えましょう。

(1) 環境にやさしい自動車の種類とその説明について、あうものを線で結びましょう。

① 燃料電池自動車 ・　　・ ㋐バッテリーにたくわえた電気でモーターを回して走る自動車。

② 電気自動車 ・　　・ ㋑水素と酸素からつくった電気でモーターを回して走る自動車。

③ ハイブリッド車 ・　　・ ㋒ガソリンエンジンと電気モーターを組み合わせて走る自動車。

(2) 地球温暖化の原因とされる温室効果ガスの排出量をゼロにしていく社会のことを何といいますか。

(　　　　　)

ヒント　1 (1) シートは自動車の部品ですが、さらに小さな部品（布など）からつくられています。

3．わたしたちの生活と工業生産

2 自動車をつくる工業

教科書 下10～23ページ　答え 36ページ

1 日本の自動車工業について、答えましょう。　1つ5点、⑵10点（25点）

⑴ 日本の機械工業の生産額にしめるわりあいが最も大きいものは何ですか。

（　　　　　　）機械

記述 ⑵ できたらスゴイ！ 愛知県豊田市では、⑴機械の工業がさかんです。その理由を、「会社」という言葉を使って、かんたんに書きましょう。　**思考・判断・表現**

（　　　　　　　　　　　　　　　　）

⑶ 右のグラフは、日本の乗用車生産台数の変化を表しています。生産台数が最も多いのは何年ですか。　**技能**

（　　　　）年

⑷ ⑶の年の生産台数を、㋐～㋒から選びましょう。　**技能**

㋐ 約900万台　㋑ 約1000万台　㋒ 約1100万台

（　　　）

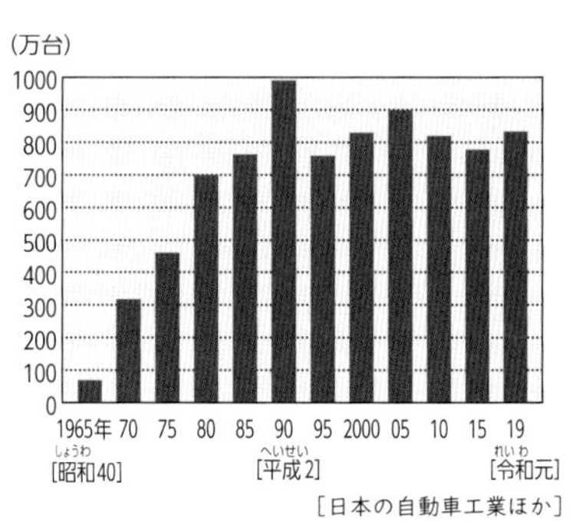

［日本の自動車工業ほか］

2 次の絵は、自動車をつくる作業のようすを表しています。これを見て、答えましょう。

1つ5点（35点）

①

②
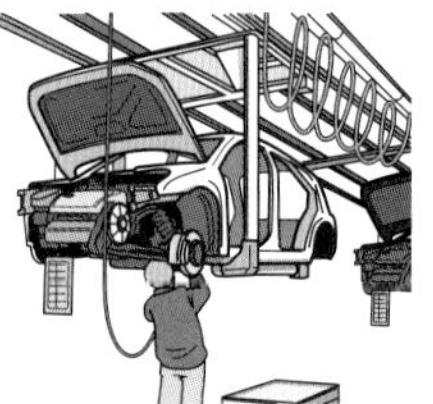
③

④

⑴ よく出る ①～④の絵にあう作業を、㋐～㋔から選びましょう。

㋐ 組み立て　㋑ 検査　㋒ とそう　㋓ プレス　㋔ ようせつ

①（　　）②（　　）③（　　）④（　　）

⑵ ⑴の①～④の作業を、作業が行われる順にならべかえましょう。　**思考・判断・表現**

（　　→　　→　　→　　）

⑶ 自動車の組み立て工場が行っているくふうとして正しいものを、㋐～㋓から２つ選びましょう。　**思考・判断・表現**

㋐ すばやく自動車をつくるため、一つの組み立てラインで一種類の自動車をつくる。

㋑ 大きな部品や重い部品を取りつけるときは、ロボットや機械を使う。

㋒ 組み立てに必要な部品は、自分で部品だなまで取りに行く。

㋓ 使った部品の分だけ関連工場に注文し、部品を余らせないようにしている。

（　　）（　　）

3 世界とつながる自動車について、答えましょう。

1つ4点（20点）

(1) 完成した自動車は、海外へも輸出されます。日本からの自動車の輸出台数が最も多い地域を、右の地図中から選びましょう。 **技能**

（　　　　　　　　）

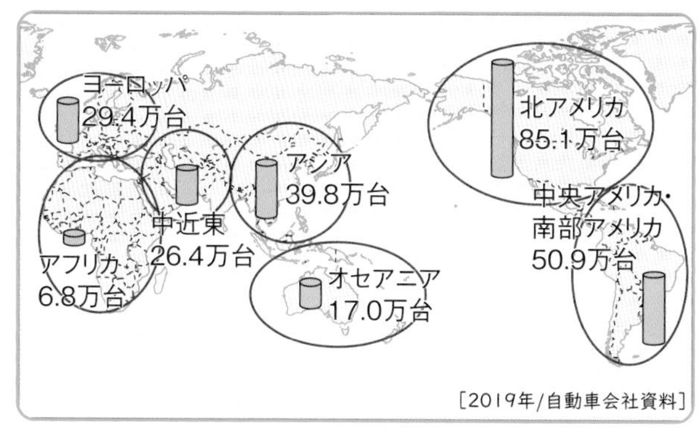

自動車会社の日本からの自動車の主な輸出先

(2) 日本の自動車会社は、完成した自動車を輸出するだけでなく、海外に工場をつくって生産しています。このことを何といいますか。

（　　　　　　　　）

(3) (2)が行われるようになった理由としてまちがっているものを、㋐～㋒から選びましょう。 **思考・判断・表現**

（　　　　）

㋐ 自動車の輸送費や輸送時間がかからない分、より安く売ることができるため。

㋑ それぞれの国に住む人のくらしや好みに合わせた自動車をつくることができるため。

㋒ その国の仕事を増やし、日本人が海外の工場で働くことができるため。

世界でのはん売台数 971.4万台
北アメリカ 28.4%
中国 16.7
国内 16.6
アジア（中国のぞく） 13.9
ヨーロッパ 10.8
そのほか 13.6
[2019年/自動車会社資料]

自動車会社の地域別はん売台数

(4) 右上のグラフから読み取れることとして正しいものには○を、まちがっているものには×をつけましょう。 **技能**

①（　　　）

北アメリカでのはん売台数は、300万台をこえているよ。

②（　　　）

日本国内でのはん売台数よりも、中国でのはん売台数の方が多いね。

4 人々の願いに合わせた自動車開発について、答えましょう。

1つ5点、(2)10点（20点）

(1) 次の文中の①、②にあう言葉を書きましょう。

> 自動車会社は、自動車がしょうとつしたときに、右の絵のように空気でふくらんで乗っている人の安全を守る ① などの装置をつけ、車体の安全性を高めている。また、自動車自体が周辺のきけんをさけながら走行する ② 技術の開発を進めている。

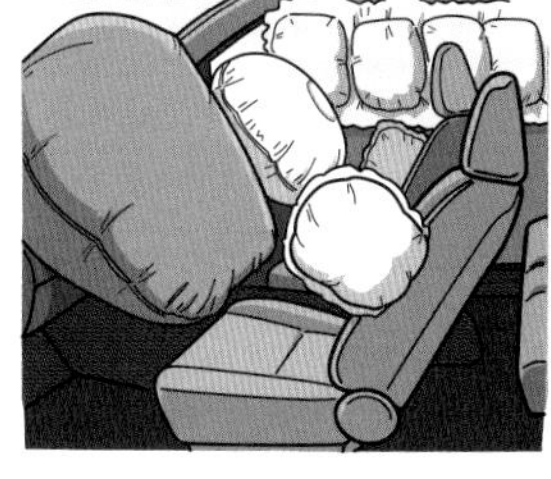

①（　　　　　　　　）　②（　　　　　　　　）

記述 (2) 燃料電池自動車や電気自動車が環境にやさしい自動車とされる理由を、かんたんに書きましょう。 **思考・判断・表現**

（　　　　　　　　　　　　　　　　　　　　　　　　　　　　）

ふりかえり ④(2)がわからないときは、68ページの②にもどって確認してみよう。

2 くらしを支える造船業 くらしを支える製鉄業

学習日 月 日

めあて 鉄はどのようにしてつくられるのかを理解しよう。

教科書 下24〜25ページ 答え 37ページ

次の に入る言葉を、下から選びましょう。

1 くらしを支える造船業

教科書 下24ページ

日本の造船業

- 周囲を海に囲まれた日本では、船の役わりが重要であり、貿易量の輸出入のわりあいは、ほとんどが（①　　　　）である。
- 日本の造船業は長い歴史があり、高い技術がある。
- 日本の船の建造量は、中国、（②　　　　）についで世界第３位である（2020年）。

長崎県長崎市の造船所

- 広いしき地に必要な設備が整えられている。
- 船は多くの部品や機材からできており、鉄鋼、機械、電機、電子、化学など、さまざまな産業のさまざまな技術や知識が必要とされるため、造船業は（③　　　　）産業とよばれる。

造船所は、日本各地の海ぞいにあるよ。

2 くらしを支える製鉄業

教科書 下25ページ

鉄をつくる製鉄所

- 鉄はさまざまな製品の材料となり、（④　　　　）の９わり以上が鉄でできている。
- 製鉄所の多くは、鉄鋼の原料となる鉄鉱石や（⑤　　　　）などの輸入に便利な海に面した場所にある。
- 日本の鉄鋼の品質は高く評価され、日本は世界有数の鉄の輸出国となっている（2019年）。
- 兵庫県加古川市の製鉄所では、（⑥　　　　）の設備などを配置したり、製鉄所の中に植樹したりすることで、環境にも気を配っている。

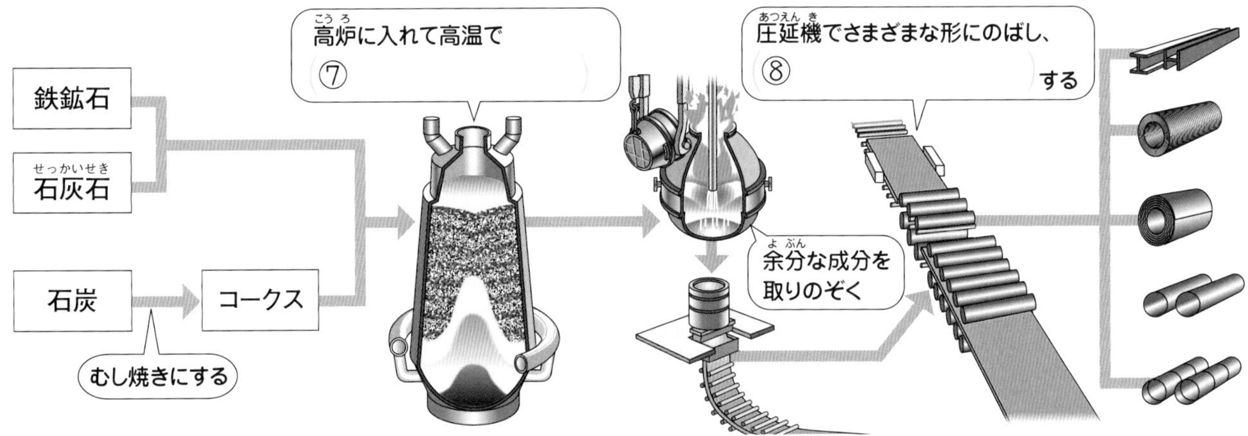

鉄ができるまで

選んだ言葉に✔				
	□加工	□金属製品	□海上輸送	□とかす
	□韓国	□総合組立	□排水処理	□石炭

学習日　　月　　日

ぴたトリビア

日本で最初の製鉄所は、福岡県北九州市に、日清戦争の賠償金をもとにしてつくられた官営八幡製鉄所で、1901（明治34）年に生産を始めました。

教科書　下24～25ページ　答え　37ページ

1 くらしを支える造船業について、答えましょう。

(1) 次の①～⑥は、船ができるまでの作業を表しています。②～⑤の作業を、作業が行われる順にならべかえましょう。

①目的や運ぶものに応じて、船を設計する。

②ぎそう（船内の工事）を行う。

③模型をつくって水そう試験を行う。

④進水式を行う。

⑤船体を建造する。

⑥海上での試運転を行う。

①→（　　→　　→　　→　　）→⑥

(2) 日本の造船業について、正しいものには○を、まちがっているものには×をつけましょう。

①（　　）日本の造船所は、海ぞいだけでなく、内陸部の高速道路ぞいにも見られる。

②（　　）2020年の日本の船の建造量は、中国、韓国についで世界第３位である。

2 くらしを支える製鉄業について、答えましょう。

(1) 次の文中の①～⑤にあう言葉を［　　］から選びましょう。

鉄の主な原料は、（①）、石炭、（②）であり、そのうち（①）と石炭は輸入にたよっている。（①）と（②）、石炭をむし焼きにした（③）を高炉に入れ、高温で熱して、とけた鉄をつくる。そこから余分な成分を取りのぞき、（④）のかたまりにする。それを圧延機でさまざまな形にのばし、表面がいたんだりさびたりしないように（⑤）して、出荷する。

［加工　鋼　石灰石　コークス　鉄鉱石］

①（　　）②（　　）③（　　）

④（　　）⑤（　　）

(2) 兵庫県加古川市の製鉄所がめざす“緑の製鉄所”づくりの説明として正しいものを、㋐～㋓から２つ選びましょう。

（　　）（　　）

㋐　世界遺産に登録された設備を今も使っている。

㋑　排水処理の設備を配置している。

㋒　製鉄所の中に植樹をしている。

㋓　排出ガスを出さない自動車の開発をしている。

ヒント　1 (1)④　進水式の「進水」とは、船台やドックで建造した船体を水に浮かせる作業のことです。

2 くらしを支える石油工業 食料品をつくる工業

めあて わたしたちの生活の中にさまざまな石油製品があることを理解しよう。

教科書 下26～29ページ　答え 38ページ

次の（　　）に入る言葉を、下から選びましょう。

1 くらしを支える石油工業

教科書 下26～27ページ

✪ 石油製品をつくる石油工場

- 外国からタンカーで輸入した（①　　　　　　　）を、石油工場で石油製品に加工する。

じょうりゅうとう

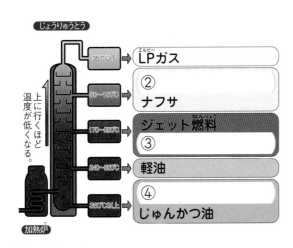

上に行くほど温度が低くなる。

35℃以下	LPガス
35～180℃	（②　　　）ナフサ
170～250℃	ジェット燃料（③　　　）
240～350℃	軽油
350℃以上	（④　　　）じゅんかつ油

加熱炉

石油製品ができるまで

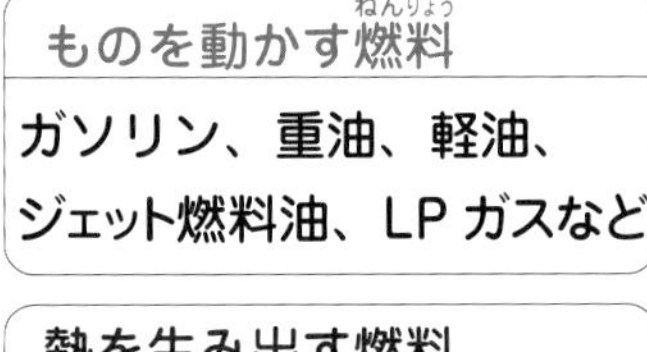

ものを動かす燃料
ガソリン、重油、軽油、ジェット燃料油、LPガスなど

熱を生み出す燃料
重油、灯油、LPガスなど

工業製品の原料
ナフサ

石油製品の種類

✪ 山口県の岩国大竹コンビナート

- 石油工場で加工された石油製品は、遠くの工場やはん売店へは船、近くの工場やはん売店へは（⑤　　　　　　　）で送られる。
- 石油工場のまわりにある工場には、（⑥　　　　　　　）を使って送られる。
- 石油工場を中心に、石油製品を原料や燃料にする工場が集まっているところを石油化学（⑦　　　　　　　）という。

火力発電所では、石油を燃やしたときの熱でタービンを動かして電気をつくるよ。

2 食料品をつくる工業

教科書 下28～29ページ

✪ 広島県広島市のソース工場

- 独自のレシピで組み合わせた野菜、果物、香辛料、酢などの原料をまぜ、なつめやしの実である（⑧　　　　　　　）を入れて、独特の甘みとこくを出す。
- 調合したものを加熱し、菌をなくす。
- 加熱したソースを容器につめる。
- ぬきとり検査で、機械や人の感覚で製品の品質を確認する。
- 現在は海外にも輸出しており、それぞれの国・地域の（⑨　　　　　　　）や文化に合うように、原料やつくり方を変えている。

お好み焼きは広島県の名物の一つだよ。

選んだ言葉に✔

□タンクローリー	□コンビナート	□原油	□灯油	□デーツ
□パイプライン	□ガソリン	□重油	□好み	

学習日　　月　　日

ぴたトリビア

ナフサは、原油を精製して得られる石油製品の一つです。ナフサからはガソリンがつくられるほか、さまざまな工業製品の原料となります。

教科書　下26～29ページ　答え　38ページ

1 くらしを支える石油工業について、答えましょう。

(1) 石油製品の原料となる原油は、何を使って外国から輸入されていますか。

（　　　　）

(2) 右の絵は、日本での石油の使われ方のうちわけと石油製品の種類を表しています。Ⓐ～Ⓒにあうものを、㋐～㋒から選びましょう。

㋐ 工業製品の原料
㋑ ものを動かす燃料
㋒ 熱を生み出す燃料

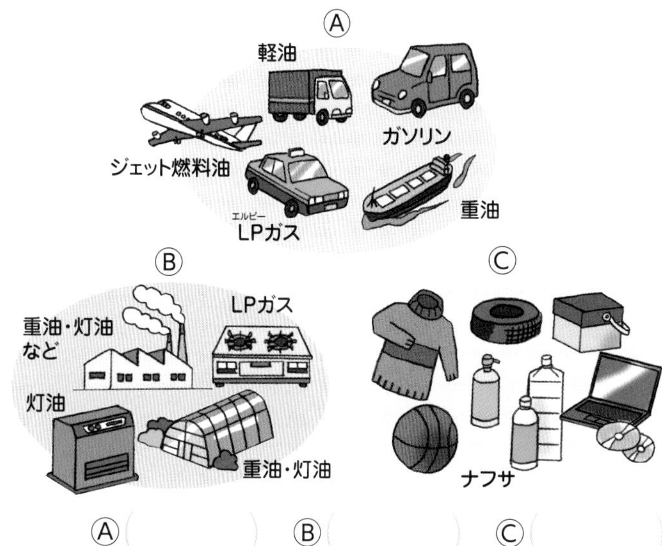

Ⓐ（　　　　）Ⓑ（　　　　）Ⓒ（　　　　）

(3) 次の文中の①～④にあう言葉を、㋐～㋕から選びましょう。

山口県和木町の石油工場では、（①）の中に熱した原油を入れ、ふっとうする温度のちがいによっていくつかの成分に分けて取り出す。加工された石油製品の約８わりは、（②）を使って主に中国地方、四国地方、九州地方、北陸地方に送られる。約２わりは（③）を使って広島県や山口県に送られる。また、石油工場のまわりにある工場には、（④）を使って送られる。

㋐ タンクローリー　㋑ タービン　㋒ パイプライン
㋓ じょうりゅうとう　㋔ 高炉　㋕ 船

①（　　　　）②（　　　　）③（　　　　）④（　　　　）

(4) 下線部について、石油工場を中心に、石油製品を原料や燃料にする工場が集まっているところを何といいますか。

（　　　　）

2 広島県広島市のソース工場の説明について、正しいものには○を、まちがっているものには×をつけましょう。

①（　　　）ソースの原料には、野菜や果物、香辛料、酢のほか、デーツが使われている。
②（　　　）原料を調合したものを加熱し、菌をなくしている。
③（　　　）ぬきとり検査では、人の感覚だけで色や香り、味などをチェックする。
④（　　　）海外に輸出するソースは、国内ではん売するソースと同じ味になるようにつくっている。

ヒント　1 (1) 液体の貨物を大量に輸送するため、船内にタンクを備えた貨物船のことです。

ぴったり1 準備

3分でまとめ

3．わたしたちの生活と工業生産

3 工業生産を支える運輸と貿易①

学習日　月　日

めあて
それぞれの輸送手段には、長所と短所があることを理解しよう。

教科書 下30～33ページ　答え 39ページ

次の（　）に入る言葉を、下から選びましょう。

1 工業製品の輸送と日本の貿易

教科書 下30～31ページ

ワンポイント　運輸と貿易

- （①　　　）…自動車や船、鉄道、飛行機を使って、人やものを運ぶ仕事や産業のこと。
- **貿易**…外国とものや（②　　　）を売り買いすること。

外国に商品を売ることを輸出、外国から買うことを輸入というよ。

工業製品の貿易

- 2020年の貿易額が最も多いのは（③　　　）である。
- （④　　　）や名古屋港など、工業地帯や工業地域にある港で輸出・輸入が多い。

名古屋港は中京工業地帯にあり、自動車の輸出が多いから、輸出額の方が輸入額よりも多くなっているね。

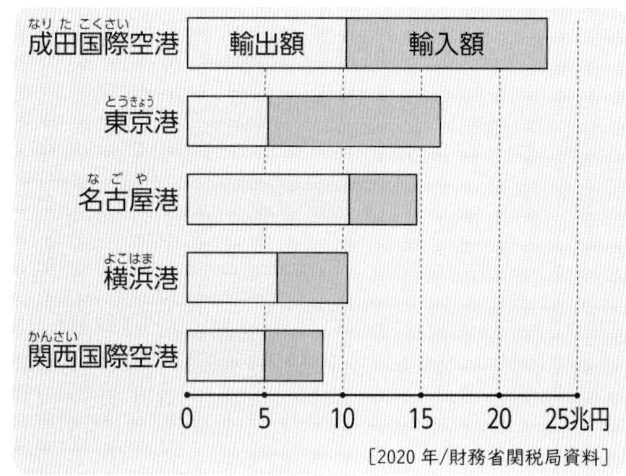

主な港や空港の貿易額

2 全国へ運ばれる工業製品

教科書 下32～33ページ

東京都大田区の京浜トラックターミナル

- 広いトラックターミナルがあり、その近くには貨物ターミナル、港、空港がある。
- トラックや鉄道、船、飛行機など、いろいろな（⑤　　　）を組み合わせて輸送している。

いろいろな輸送手段とその特色

- 日本の貨物輸送は、かつては（⑥　　　）や船が中心であったが、2019年度は（⑦　　　）のわりあいが半分以上をしめる。
- トラックは、製品を運ぶ希望の日時の指定ができる。
- 船は、（⑧　　　）の製品を大量に運ぶのに便利。

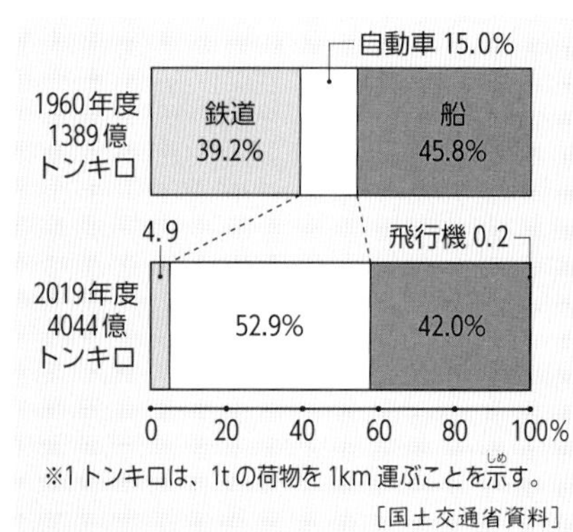

国内の貨物輸送の変化

選んだ言葉に✓

- □運輸
- □輸送手段
- □東京港
- □成田国際空港
- □大型
- □サービス
- □自動車
- □鉄道

ぴったり2

練習

学習日　月　日

ぴたトリビア

高速道路が全国に広がったことで、トラックを使った貨物輸送が大きく増えましたが、その分、同じ陸上輸送である鉄道の利用は減りました。

教科書　下30〜33ページ　答え　39ページ

1 工業製品の輸送と日本の貿易について、答えましょう。

(1) 外国とものやサービスを売り買いすることを何といいますか。

(　　　)

(2) 右のグラフ中のⒶ、Ⓑは、輸出額、輸入額のいずれかです。輸出額はどちらですか。

(　　　)

(3) 右のグラフ中の東京港や横浜港は、どの工業地帯にありますか。

(　　　)工業地帯

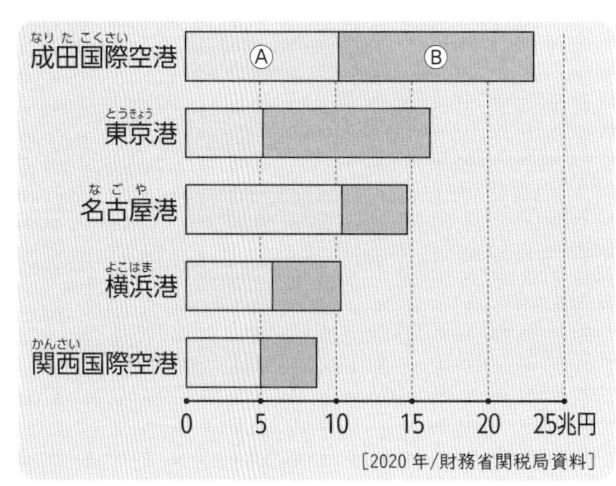

主な港や空港の貿易額

2 輸送手段とその説明について、あうものを線で結びましょう。

① 

㋐一度に大量の貨物を運べるよ。昔は国内の貨物輸送の約4わりをしめていたよ。

② 

㋑希望の日時の指定ができるけれど、一度に多くの貨物は運べないよ。

③ 

㋒大きな貨物や重い貨物を一度に大量に運べるけれど、時間がかかるよ。

④ 

㋓国内の貨物輸送にしめるわりあいは最も小さいけれど、小型の精密機械などを運ぶよ。

ヒント

1 (2) 名古屋港ではⒶの額が多くなっています。名古屋港から外国に多くの自動車が運ばれていることを思い出しましょう。

3 工業生産を支える運輸と貿易②

学習日　月　日

めあて
日本の主な輸出品・輸入品がどのように変化したかを理解しよう。

教科書 下34〜39ページ　答え 40ページ

次の（　）に入る言葉を、下から選びましょう。

1 日本の輸入の特色

教科書 下34〜35ページ

資源を輸入にたよる日本

- 石油…（①　　　　　）、アラブ首長国連邦、カタールから。
- 鉄鉱石…オーストラリア、（②　　　　　）、カナダから。
- 石炭…（③　　　　　）、インドネシア、ロシアから。

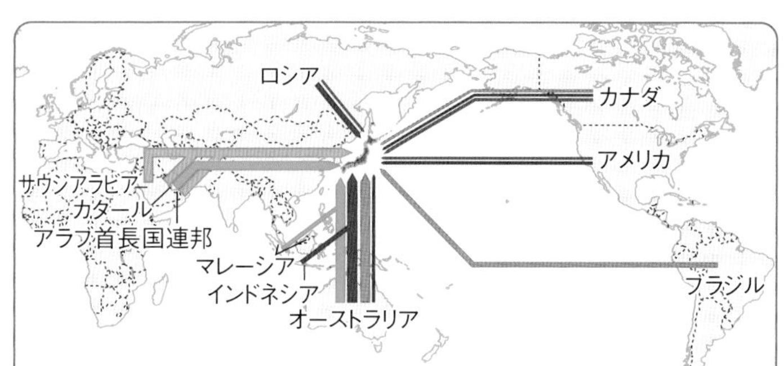

主な輸入品の輸入相手国

輸入品の変化

- 昔は燃料や原料品などの資源を多く輸入し、その原料を使って多くの工業製品を生産していた。現在は（④　　　　　）地域などの海外で生産された、安くて品質のよい工業製品も多く輸入している。

2 日本の輸出の特色／これからの社会に向けて／キャッチフレーズにまとめる

教科書 下36〜39ページ

高い技術の工業製品を輸出する日本

- 自動車、鉄鋼、電子機器に使われる（⑤　　　　　）（IC）などを輸出している。
- 国別で見ると、（⑥　　　　　）や中国への輸出が多い。

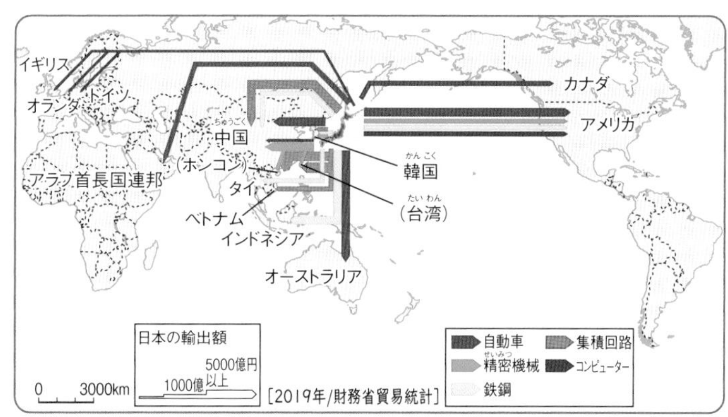

主な輸出品の輸出相手国

輸出品の変化

- 昔は（⑦　　　　　）を多く輸出していたが、現在は高い技術に支えられた機械類の輸出が最も多い。

これからの社会に向けた取り組み

- 石油や石炭などを使用すると、（⑧　　　　　）の原因の一つとなる二酸化炭素が多く排出される。
- 太陽光発電、（⑨　　　　　）、地熱発電などの、資源をくりかえして使うことができ、二酸化炭素を出さない**再生可能エネルギー**の開発が進められている。

日本企業の海外での現地生産が増えると、国内の生産がおとろえる産業の空洞化が起こるよ。

選んだ言葉に✓				
□サウジアラビア	□アメリカ	□集積回路	□地球温暖化	□アジア
□オーストラリア	□ブラジル	□せんい品	□風力発電	

学習日　　月　　日

ぴたトリビア

輸出や輸入がかたよると、国内で生産したものが売れなくなったりするので、相手国との間でトラブル（貿易まさつ）が起こります。

教科書　下34～39ページ　答え　40ページ

1 日本の輸入の特色について、答えましょう。

(1)　次の①～③にあう国の名前を、㋐～㋕から選びましょう。

①(　　　)　日本が石油を最も多く輸入している国。

②(　　　)　日本が石炭、鉄鉱石、天然ガスを最も多く輸入している国。

③(　　　)　日本が石炭や木材を多く輸入しているユーラシア大陸にある国。

㋐　インドネシア　　㋑　オーストラリア　　㋒　カナダ

㋓　カタール　　㋔　サウジアラビア　　㋕　ロシア

(2)　右のグラフ中のⒶ、Ⓑは、機械類、原料品のいずれかです。機械類はどちらですか。

(　　　)

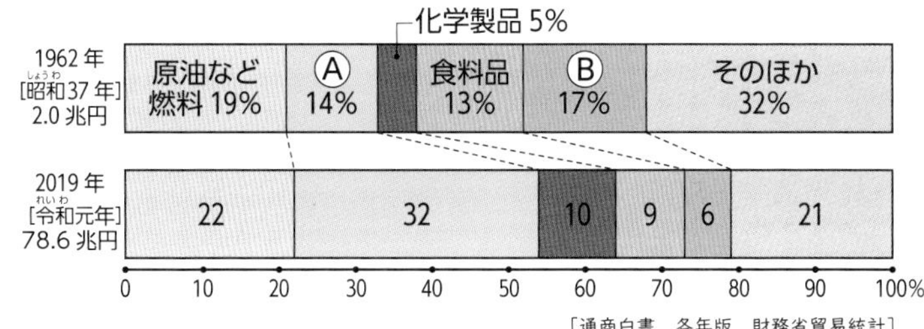

⬆ 主な輸入品の取りあつかい額のわりあいの変化

(3)　日本の主な輸入品の変化について説明した次の文の、｛　｝の中の正しい言葉を◯で囲みましょう。

現在は、特に①｛アジア・ヨーロッパ｝地域からの工業製品の輸入が増えている。その理由の一つは、国内でつくるよりも②｛高い・安い｝ものが手に入るためである。

2 日本の輸出の特色とこれからの取り組みについて、答えましょう。

(1)　超小型の電子部品である集積回路の略称を、アルファベットで書きましょう。

(　　　)

(2)　右のグラフ中のⒶ～Ⓒにあう輸出品を［　］から選びましょう。

自動車　　せんい品　　鉄鋼

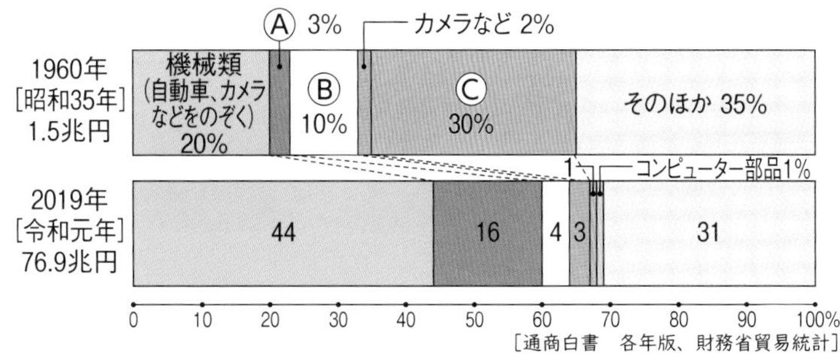

⬆ 主な輸出品の取りあつかい額のわりあいの変化

Ⓐ(　　　)　Ⓑ(　　　)　Ⓒ(　　　)

(3)　日本国内の会社が海外で現地生産を増やすとどうなりますか。㋐・㋑から選びましょう。

(　　　)

㋐　日本国内での生産がおとろえる。　　㋑　日本国内からの製品の輸出が増える。

(4)　石油や石炭を使用することで多く排出される、地球温暖化の原因の一つといわれる物質を何といいますか。

(　　　)

(5)　(4)を出さず、くり返し使えるエネルギーのことを何といいますか。

(　　　)

ヒント　1 (1)③　世界で面積が最も広く、さまざまな資源が豊富な国です。

3．わたしたちの生活と工業生産

3 工業生産を支える運輸と貿易

教科書 下30～39ページ　答え 41ページ

1 右のグラフは、主な港や空港の貿易額を表しています。これを見て、答えましょう。

1つ5点（15点）

(1) 輸出額・輸入額が最も多い港・空港を、グラフからそれぞれ選びましょう。 **技能**

輸出額（　　　）

輸入額（　　　）

(2) 名古屋港の輸出額の中で最も大きなわりあいをしめるものを、㋐～㋒から選びましょう。 **思考・判断・表現**

㋐ せんい品　㋑ 鉄鋼　㋒ 自動車

（　　　）

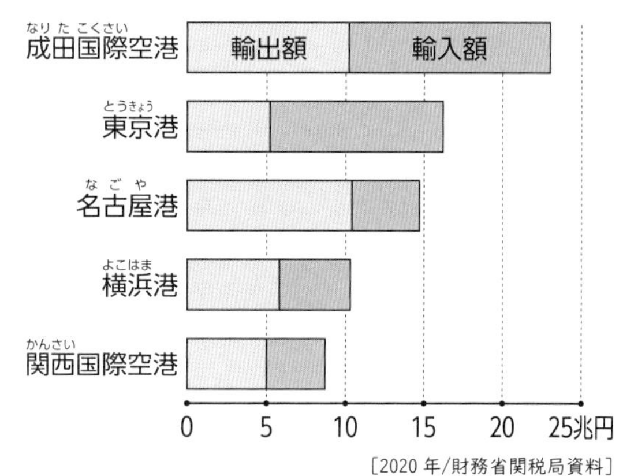

2 次の絵や地図を見て、答えましょう。

1つ4点、(3)10点（30点）

(1) ①～④の輸送手段に関係する施設を、右の地図中の㋐～㋓から選びましょう。

①

（　　　）

②

（　　　）

③

（　　　）

④

（　　　）

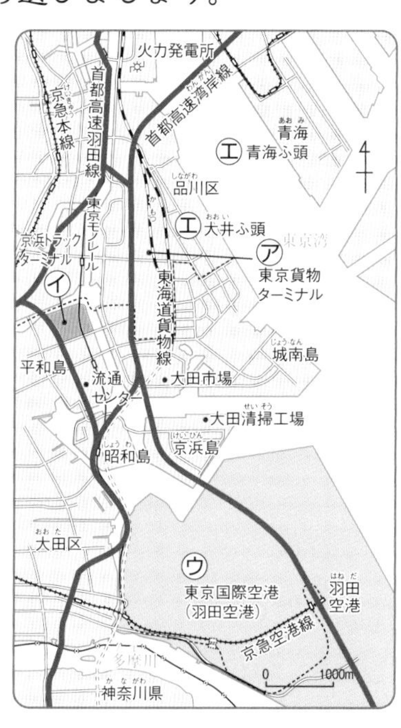

(2) ①～③の輸送手段を、国内の貨物輸送にしめるわりあいが大きい順（2019年度）にならべかえましょう。

（　　→　　→　　）→④

記述 (3) できたらスゴイ！ ①の輸送手段の長所を、かんたんに書きましょう。 **思考・判断・表現**

（　　　　　　　　　　　　　　　　）

3 日本の貿易の特色について、答えましょう。　1つ4点（24点）

(1) よく出る 次の①～③は、2019年の日本の主な輸入品の輸入相手国を表しています。①～③にあてはまる資源を、㋐～㋔から選びましょう。

①（　　　）オーストラリア、ブラジル、カナダ

②（　　　）サウジアラビア、アラブ首長国連邦、カタール

③（　　　）オーストラリア、カタール、マレーシア

㋐ 石油　㋑ 石炭　㋒ 天然ガス　㋓ 鉄鉱石　㋔ 木材

(2) 日本からの輸出額が特に多い国を、右の地図から２つ選びましょう。　技能

（　　　）（　　　）

(3) 日本との貿易が最もさかんな地域を、㋐～㋒から選びましょう。

㋐ アジア　㋑ アフリカ

㋒ ヨーロッパ

（　　　）

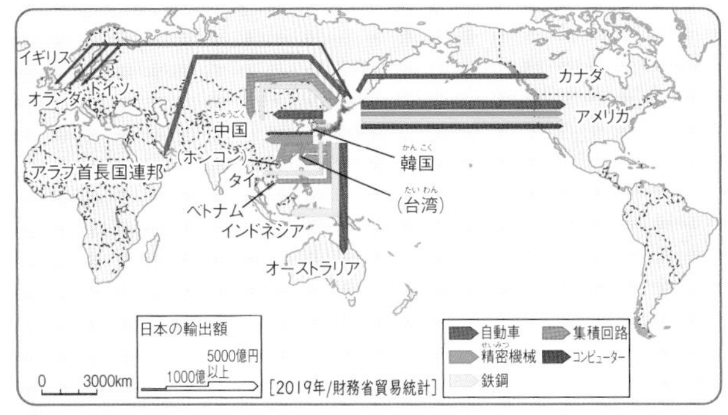

主な輸出品の輸出相手国

4 次のグラフは、日本の輸出品と輸入品のいずれかの取りあつかい額のわりあいを表しています。これを見て、答えましょう。　(1)5点、(2)10点（15点）

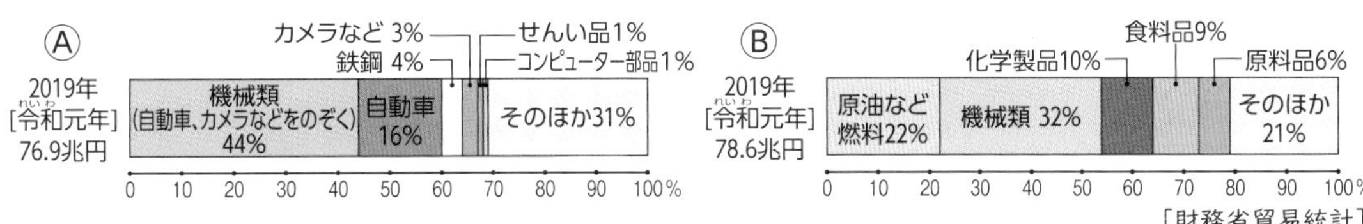

(1) Ⓐ、Ⓑは、輸出品、輸入品のいずれかです。輸出品のグラフはどちらですか。　技能

（　　　）

記述 (2) できたらスゴイ! 日本の貿易は、どのように変化してきましたか。「資源」「工業製品」という言葉を使って、次の言葉に続く形でかんたんに書きましょう。　思考・判断・表現

昔は（　　　）

5 新しいエネルギーに関する次の文中の①～④にあう言葉を書きましょう。　1つ4点（16点）

石油や石炭は、使用すると①の原因の一つとなる二酸化炭素を多く排出するため、二酸化炭素を出さない②エネルギーの開発が進められている。たとえば、太陽の光エネルギーを電気に変換する③発電、風の力を利用して風車を回して発電する風力発電、地中深くから取り出した蒸気でタービンを回して発電する④発電などがある。

①（　　　）②（　　　）

③（　　　）④（　　　）

ふりかえり 4(2)がわからないときは、78ページの1にもどって確認してみよう。

ぴったり1 準備 3分でまとめ

学習日　月　日

3．わたしたちの生活と工業生産

4 これからの工業生産とわたしたち

めあて
日本にはすぐれた技術をもつ中小工場があることを理解しよう。

教科書 下40～49ページ　答え 42ページ

次の（　）に入る言葉を、下から選びましょう。

1 日本の工業生産の課題／昔から伝わる技術を生かした工業生産

教科書 下40～43ページ

✪ 日本の工業生産の現状

- （①　　　）で働く人の数は、1990年ごろから減り続けている。

✪ 日本各地の伝統技術を生かした工業

- （②　　　）…石川県輪島市でつくられるしっき。専門技術をもつ職人の分業で、手作業でつくられる。
- （③　　　）…福井県鯖江市で生産がさかん。**地域ブランド**として「THE 291（フクイ）」をつくった。
- （④　　　）…佐賀県有田町を中心に生産される磁器。
- 高岡銅器…富山県高岡市で製造される、寺の鐘や銅像などの銅器。
- （⑤　　　）…大阪府堺市で生産がさかんな包丁などの刃物。
- 伝統技術を生かした製品は国内外で評価が高く、海外にも輸出されている。

	中小工場	大工場
全工業	47.4%	52.6%
せんい工業	89.8	10.2
食料品工業	72.5	27.5
金属工業	60.2	39.8
化学工業	48.6	51.4
機械工業	28.6	71.4

0　20　40　60　80　100%

［2019年/2020年工業統計表］

⬆ いろいろな工業の生産額で大工場・中小工場がしめるわりあい

鯖江市では、冬に雪で農業ができない農家の副業として、めがねづくりがさかんになったよ。

2 高い技術を生かした工業生産／新しい工業生産の取り組み 話し合ってノートにまとめる／これからの工業生産の発展に向けて

教科書 下44～49ページ

✪ 「オンリーワン」の技術をもつ中小工場

- 東京都大田区は、全国に比べて機械工業や（⑥　　　）のわりあいが高い。
- 約3500の**中小工場**があり、近所の工場どうしが得意な技術をもちより、協力しながら加工していく「仲間まわし」によって、高い品質の製品をつくっている。
- 工場数の減少などの課題もある。

✪ これからの日本の工業生産

- 日本では（⑦　　　）が進み、わかい世代の人口が減っている。
  →工場や介護施設などで人の代わりに働く（⑧　　　）が開発されている。
- 未来に生きる人々のため、環境にも配りょした（⑨　　　）**な社会**をめざす。
  →排出ガスを出さない燃料電池自動車の補給場所として、水素ステーションが整備されている。

持続可能な社会
環境を大切にし、資源を使い切ってしまわない社会。

選んだ言葉に✔

□少子高齢化	□金属工業	□有田焼	□堺打刃物	□めがね
□持続可能	□製造業	□輪島塗	□ロボット	

学習日　　月　　日

ぴたトリビア

日本の中小工場の中には、ほかの会社にはない独自(どくじ)の技術を生かして新製品を開発し、世界的に有名になっている工場もあります。

教科書　下40～49ページ　答え　42ページ

1 日本の工業生産の課題と伝統工業について、答えましょう。

(1) 日本の工業生産の現状について、正しいものには○を、まちがっているものには×をつけましょう。

① (　　　) 製造業で働く人の数は、1990年ごろから減り続けている。

② (　　　) せんい工業や食料品工業では、大工場が生産額の多くをしめる。

(2) 伝統技術を生かした工業とその説明について、あうものを線で結びましょう。

① 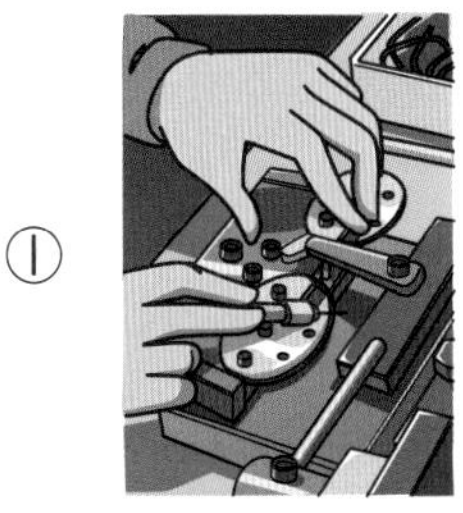　・　　・ 

㋐石川県輪島市は、輪島塗とよばれるしっきづくりがさかんで、最近では、輪島塗のアクセサリーもつくられているよ。

② 　・　　・ 

㋑福井県鯖江市では、古くからめがねづくりがさかんだよ。福井県は日本のめがねわく生産の90%以上をしめるんだって。

③ 　・　　・ 

㋒富山県高岡市は、400年の歴史をもつ銅器の製造で知られるよ。茶器や花器は海外へも輸出されているんだって。

2 新しい工業生産の取り組みについて、答えましょう。

(1) 次の文中の①～③にあう言葉を、㋐～㋕から選びましょう。

日本では、現在(げんざい)、少子高齢化が進んでおり、(①)の人口がさらに減ることが予想されている。そのため、工場や介護施設などで人の代わりに働く(②)の開発が進んでいる。また、<u>未来のことも考え、環境にも配りょした社会</u>をめざして、北九州(きたきゅうしゅう)市では排出ガスを出さない(③)の補給場所である水素ステーションを整備している。

㋐ わかい世代　㋑ お年寄(よ)り　㋒ 燃料電池自動車
㋓ エコタウン　㋔ ロボット　㋕ 電気自動車

①(　　　)　②(　　　)　③(　　　)

(2) 下線部のような社会を何といいますか。

(　　　　　　)

ヒント　2 (2) 未来に生きる人々のために、資源を使い切ってしまわない社会のことです。

3．わたしたちの生活と工業生産

4 これからの工業生産とわたしたち

教科書 下40～49ページ　答え 43ページ

1 右の２つのグラフを見て、答えましょう。　1つ5点、(2)10点（25点）

(1)　２つのグラフから読み取れることとして正しいものには○を、まちがっているものには×をつけましょう。　**技能**

①（　　　）

製造業で働く人の数は、1980年以降減り続けているよ。

②（　　　）

大工場が生産額の多くをしめる工業としては、機械工業や化学工業があるね。

③（　　　）

中小工場が生産額の多くをしめる工業としては、せんい工業や食料品工業、金属工業があるね。

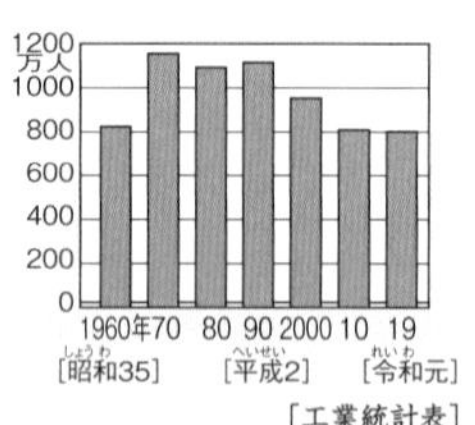

製造業で働く人口の変化

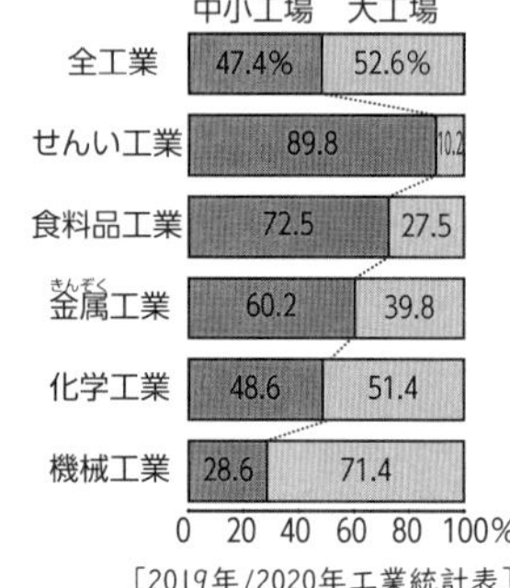

いろいろな工業の生産額で大工場・中小工場がしめるわりあい

記述 (2)　できたらスゴイ！ 製造業で働く人の数が減少したのには、さまざまな背景があります。自動車工業での変化に注目して、かんたんに書きましょう。　**思考・判断・表現**

（　　　　　　　　　　　　　　　　　　　　）

2 昔から伝わる技術を生かした工業生産について、答えましょう。　1つ5点、(3)10点（25点）

(1)　よく出る 次の①、②にあてはまる工業製品を、㋐～㋓から選びましょう。

①（　　　）　当初はなべやかまなどの製造が中心であったが、技術力の向上で茶器や花器がつくられるようになり、海外にも輸出されている。

②（　　　）　手作業で表面に金ぱくや金粉をうめこんだ、はなやかなしっきである。

㋐　有田焼　　㋑　堺打刃物　　㋒　高岡銅器　　㋓　輪島塗

(2)　(1)の①、②の生産地は、どの工業地域にふくまれますか。

（　　　　　　）工業地域

記述 (3)　福井県鯖江市でめがねがつくられるようになった理由を、「農家」という言葉を使って、かんたんに書きましょう。　**思考・判断・表現**

（　　　　　　　　　　　　　　　　　　　　）

❸ 東京都大田区のものづくりについて、答えましょう。　1つ5点（30点）

(1) 東京都大田区は、どの工業地帯にふくまれますか。

（　　　　　　）工業地帯

(2) 次の文中の①～④にあう言葉を、㋐～㋕から選びましょう。

大田区には約3500の中小工場があり、（①）と金属の工場が約7わりをしめる。工場どうしが得意な技術をもちよる「仲間まわし」により、高い品質の製品をつくり出している。

（②）の不自由な人のために設計した、書くと字がもり上がるペンは、（③）に使う金属線の入手、（④）になるアルミパイプの加工など、それぞれの部品の加工が得意な人の協力でつくられた。

⬆「仲間まわし」によるペンの作成

㋐ ペン先　㋑ ペンじく　㋒ 目　㋓ 手　㋔ 化学　㋕ 機械

①（　　）②（　　）③（　　）④（　　）

(3) 大工場と比べたときの中小工場の長所を、㋐・㋑から選びましょう。　**思考・判断・表現**

㋐ 同じ製品を安く大量に生産することができる。

㋑ たのまれたらすばやくものがつくれる。

（　　）

❹ 新しい工業生産の取り組みについて、答えましょう。　1つ5点（20点）

(1) 新しい取り組みとその説明について、あうものを線で結びましょう。

① ロボット	・　・	㋐働く人の数が減った製造業の現場で、人の代わりにきけんな作業を行っている。
② 水素ステーション	・　・	㋑持続可能な社会の実現をめざして、くり返し使える自然のエネルギーを利用している。
③ 太陽光発電	・　・	㋒燃料電池自動車の補給場所として整備されている。

(2) よく出る 現在日本で進んでいる、わかい世代の人口が減り、お年寄りの人口が増えることを何といいますか。

（　　　　　　）

ふりかえり ❷(3)がわからないときは、82ページの❶にもどって確認してみよう。

4. 情報化した社会と産業の発展

1 情報産業とわたしたちのくらし①

学習日　月　日

めあて
メディアの種類とそれぞれの特ちょうを理解しよう。

教科書　下50～55ページ　答え　44ページ

次の（　）に入る言葉を、下から選びましょう。

1 わたしたちをとりまく情報

教科書　下50～51ページ

ワンポイント　情報とメディア

- **情報**…あるものごとや内容についての知らせのこと。まわりから受け取る情報と、自分からまわりに（①　　　）する情報とがある。
- **メディア**…情報を送る方法のこと。テレビや新聞などのように、同じ情報を多くの人に一度に送る方法のことを（②　　　）という。

さまざまなメディア

	③	④	新聞
伝え方	● 映像と音声	● 音声	●（⑤　　　）
特ちょう	● 子どもからお年寄りまで、いっしょに楽しむことができる。	● 車の運転や家事をしながら聞くことができる。	● 切りぬいて保存できる。 ● 持ち運びができる。

	ざっし	⑥
伝え方	● 文字	● 文字や映像など
特ちょう	● 写真やイラストが多く、わかりやすい。 ● 持ち運びができる。	●（⑦　　　）やスマートフォンで、情報をすぐに調べることができる。

災害のときでも使いやすいメディアはどれかな？

2 テレビから伝えられる情報／ニュース番組をつくる現場

教科書　下52～55ページ

テレビと情報

- テレビは、放送局から電波塔や中けい局を通して放送され、スポーツ番組や音楽番組など、いろいろな情報を伝えている。
- （⑧　　　）**番組**…その日の各地のできごとなどを、映像を交えながら放送する番組。

放送局の仕事についての調べ方

- 放送局の（⑨　　　）で調べる。
- 放送局の人にオンラインでインタビューする。
- 家の人にインタビューする。

情報の集め方や、情報の伝え方などを調べるよ。

選んだ言葉に✓					
	□パソコン	□ホームページ	□テレビ	□文字	□インターネット
	□ニュース	□マスメディア	□ラジオ	□発信	

地震が発生すると、気象庁が地震の震源やゆれの大きさなどを自動計算して緊急地震速報を発表し、テレビやラジオなどで放送します。

教科書　下50～55ページ　答え　44ページ

1 情報とメディアについて、答えましょう。

(1) 情報について、正しいものには○を、まちがっているものには×をつけましょう。

① (　　　) 情報とは、あるものごとや内容についての知らせのことである。

② (　　　) わたしたちは、多くの情報を得ることはできるが、情報を発信することはできない。

(2) テレビやラジオなど、同じ情報を多くの人に一度に送る方法のことを何といいますか。

(　　　　　　)

(3) メディアの種類とその特ちょうについて、あうものを線で結びましょう。

① ・　　・ ㋐文字で伝える。切りぬいて保存ができ、持ち運びができる。

② ・　　・ ㋑音声で伝える。車の運転をしながら聞くことができ、災害のときは貴重な情報源となる。

③ ・　　・ ㋒映像と音声で伝える。子どもからお年寄りまで楽しむことができる。

④ ・　　・ ㋓文字や映像などで伝える。スマートフォンなどですぐに情報を調べることができる。

⑤ ・　　・ ㋔文字で伝える。写真やイラストが多く、わかりやすい。持ち運びができる。

2 テレビ放送に関する次の文中の①、②にあう言葉を、㋐～㋓から選びましょう。

テレビ放送は、放送局から電波をとばし、電波塔や(①)を経由して、視聴者の家などにとどけられる。テレビ番組にはさまざまな種類の番組があるが、最も放送回数が多いのは、その日の各地のできごとなどを伝える(②)番組である。

㋐ ホームページ　㋑ スポーツ　㋒ ニュース　㋓ 中けい局

①(　　　　) ②(　　　　)

ヒント 1 (2) 「マス（大衆）」に対して情報を伝達する「メディア（媒体）」のことです。

学習日　　月　　日

4．情報化した社会と産業の発展

1 情報産業とわたしたちのくらし②

めあて
マスメディアの情報を利用するときに気をつけることを理解しよう。

教科書 下56〜65ページ　答え 45ページ

次の（　　）に入る言葉を、下から選びましょう。

1 ニュース番組をつくるための情報収集／集めた情報を番組にしてとどける

教科書 下56〜59ページ

ニュース番組ができるまで

取材内容が事実なのかをしっかり確認するよ。

❶情報収集…制作者が、番組づくりに必要な情報を集める。

❷編集会議…制作者が、どのニュースを取材し、放送するかを決める。

❸取　材…（①　　　　）やカメラマンが現場に行き、話を聞いたり映像をとったりする。くわしいことを確認するため、さらに専門家に取材することもある。

❹原こう作成…**記者**が、ニュース番組で読まれる原こうをつくる。

❺映像の編集…編集者が、放送で流す映像を編集し、音声や文字も入れる。（②　　　　）などにも注意する。

肖像権
自分の顔や姿を勝手に写真や映像にとられたり、使用されたりすることを拒否する権利。

❻放　送 ← 副調整室…放送中に責任者である（③　　　　）が番組の進行を確認する。

ニュース番組を放送するときに気をつけること

- 短い時間で（④　　　　）にわかりやすく伝える。
- 人権や公平、公正さなどに気を配り、かたよりがないようにする。

2 情報を上手に生かす／フローチャートにまとめて話し合う

教科書 下60〜63ページ

いろいろな番組

- ニュース番組、アニメ番組、料理番組、（⑤　　　　）などがある。
- **政見放送**…選挙のときに、候補者や（⑥　　　　）などが意見や考えをうったえる。
- 番組のとちゅうなどには、（⑦　　　　）という広告放送が流れる。

わたしたちが気をつけること

- テレビなどのえいきょうは大きいため、事実とちがう報道や、大げさな報道による（⑧　　　　）が起きたり、社会が混乱したりすることがある。
- テレビなどの情報は、いつも正しいとは限らないため、いくつかの情報を見比べて、自分自身で冷静に（⑨　　　　）する必要がある。

報道被害が起きると、生活や仕事に不利益を受けたりするよ。

選んだ言葉に ✓
□天気予報　□編集長　□判断　□政党　□コマーシャル
□報道被害　□肖像権　□記者　□正確

学習日　　月　　日

ぴたトリビア

現在(げんざい)の放送方式では、字幕(じまく)を表示したり、音声をゆっくりした速度に変(へん)換(かん)したりなど、高齢者(こうれいしゃ)や障(しょう)がいのある人にやさしいサービスがあります。

教科書　下56〜65ページ　　答え　45ページ

1 次の絵は、ニュース番組ができるまでの仕事を表しています。これを見て、答えましょう。

Ⓐ編集会議

Ⓑ映像の編集

Ⓒ放送

Ⓓ取材

Ⓔ原こう作成

Ⓕ情報収集

(1) Ⓐ〜Ⓕの仕事を、仕事が行われる順にならべかえましょう。

(　　→　　→　　→　　→　　→　　)

(2) ニュース番組を放送するときに気をつけることについて、正しいものには○を、まちがっているものには×をつけましょう。

①(　　) 短い時間で、正確にわかりやすく伝える。

②(　　) 公平、公正さなどに気を配り、かたよりがないようにする。

③(　　) 他人の顔や姿を勝手に写真や映像にとったり、それを使用したりしてもよい。

2 テレビのえいきょう力に関する次の文を読んで、答えましょう。

テレビ番組には、ニュース番組のほか、アニメ番組や(①)などさまざまなものがあり、番組と番組の間や番組のとちゅうには、(②)とよばれる広告放送が流れる。また、選挙のときには(③)が放送され、選挙の候補者などが意見や考えをうったえることができる。

テレビなど(④)のえいきょうは大きいため、事実とちがう報道や大げさな報道により悪者にされてしまうと、生活や仕事に不利益を受けたり、たいへんな心のいたみを受けたりすることがある。

(1) 文中の①〜④にあう言葉を[　　]から選びましょう。

[コマーシャル　政見放送　天気予報　メディア]

①(　　)　②(　　)

③(　　)　④(　　)

(2) 下線部について、このことを何といいますか。

(　　)

ヒント 1 (2)③ 肖像権があるため、注意が必要です。

1 情報産業とわたしたちのくらし

時間30分　／100　合格80点

教科書 下50～65ページ　答え 46ページ

1 メディアについて、答えましょう。

1つ5点（35点）

(1) よく出る 次の①～③にあてはまるメディアを、㋐～㋔から選びましょう。

①（　　　） 情報を音声で伝えるメディアで、映像はない。車の運転や家事をしながらでも聞くことができる。

②（　　　） 情報を主に文字で伝えるメディアで、写真や図も使われる。持ち運びができ、必要な記事は切りぬいて保存できる。

③（　　　） 情報を映像と音声で伝えるメディアである。子どもからお年寄りまで、みんなでいっしょに見ることができる。

㋐ テレビ　㋑ 新聞　㋒ 手紙　㋓ ラジオ　㋔ 日記

(2) 次の文中の①、②にあう言葉を、㋐～㋓から選びましょう。

> メディアとは、情報を伝えるための（①）のことをいう。なかでも、同じ情報を（②）に一度に伝えるメディアをマスメディアという。

㋐ 多くの人　㋑ 特定の人　㋒ 広告　㋓ 方法

①（　　　）②（　　　）

(3) 下線部にあてはまらないものを、(1)の㋐～㋔から2つ選びましょう。

（　　　）（　　　）

2 ニュース番組づくりについて、答えましょう。

1つ5点（20点）

(1) 次の絵に関係するニュース番組づくりの作業を、㋐～㋓から選びましょう。

①取材　②編集会議　③情報収集

㋐ 集めた情報をもとに、どのニュースを取材し、放送するかを決める。

㋑ 番組づくりに必要な情報を集める。

㋒ 実際に現場に行って、話を聞いたり映像をとったりする。

㋓ 放送で流す映像を編集し、音声や文字も入れる。

①（　　　）②（　　　）③（　　　）

(2) ニュース番組をつくるときに気をつけることを、㋐～㋒から選びましょう。

思考・判断・表現

㋐ 公平、公正さなどに気を配り、かたよりがないようにする。

㋑ ほかの放送局と伝える内容が同じになるようにする。

㋒ ニュース番組の放送後に、取材内容が事実かどうかを確認する。（　　　）

3 次の文は、放送局で働く４人の人たちの話の一部です。これを読んで、答えましょう。

１つ５点（25点）

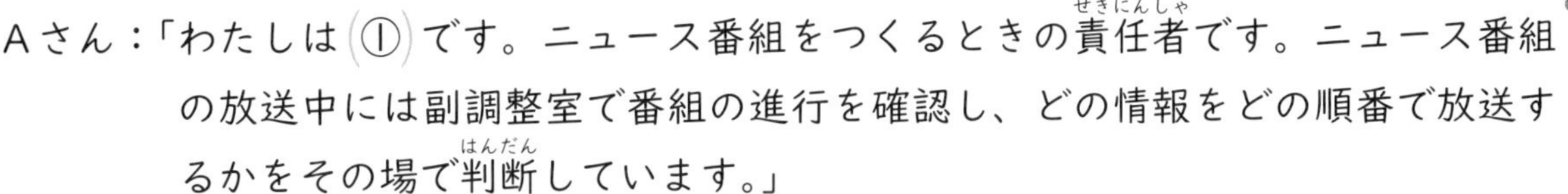

Aさん：「わたしは（①）です。ニュース番組をつくるときの責任者です。ニュース番組の放送中には副調整室で番組の進行を確認し、どの情報をどの順番で放送するかをその場で判断しています。」

Bさん：「わたしは（②）です。取材でさつえいされた映像がニュース番組におさまるように長さを考えます。人権などにも注意をしながら作業しています。」

Cさん：「わたしは（③）です。ニュースをわかりやすく、正確に伝えるため、だれにでもわかる言葉で、落ち着いて話すことを心がけています。」

Dさん：「わたしは（④）です。現場に行って話を聞いたり、現場取材でわからないことなどは、さらに専門家に取材したりします。」

(1) 文中の①～④にあう言葉を、㋐～㋔から選びましょう。

㋐ アナウンサー　㋑ 記者　㋒ 制作者　㋓ 編集者　㋔ 編集長

①（　　）②（　　）③（　　）④（　　）

(2) 下線部について、自分の顔や姿を勝手に写真や映像にとられたり、それを使用されたりすることを拒否する権利のことを何といいますか。

（　　）

4 情報を利用するときに注意することに関する次の文を読んで、答えましょう。

１つ５点、(2)10点（20点）

テレビでは、番組と番組の間や番組のとちゅうで、いろいろな商品を宣伝する（①）が流れる。（①）を見た人がその商品を思わず買ってしまうというように、テレビの情報が自分の行動を決めるきっかけになることがある。その反面、事実とちがう報道や大げさな報道によって、生活や仕事に不利益が生じるなどの（②）が起きたり、社会が混乱したりすることがある。このように、わたしたちは、メディアの情報はいつも正しいとは限らないことを理解しておく必要がある。

(1) 文中の①、②にあう言葉を書きましょう。

①（　　）②（　　）

記述 (2) できたらスゴイ！ 下線部について、これをふまえて、わたしたちはメディアの情報に、どのように対応するのがよいですか。かんたんに書きましょう。　思考・判断・表現

（　　）

ふりかえり ４(2)がわからないときは、88ページの２にもどって確認してみよう。

この本の終わりにある「冬のチャレンジテスト」をやってみよう！

学習日　月　日

2 情報を生かす産業

3分でまとめ

めあて
情報通信技術の発展で、はん売の仕事が多様化していることを理解しよう。

教科書 下66〜75ページ　答え 47ページ

次の　　に入る言葉を、下から選びましょう。

1 くらしを支える産業と情報の活用／情報を活用してはん売する

教科書 下66〜69ページ

くらしを支える産業で活用される情報

- 介護の現場では、①　　　（AI）が組みこまれたロボットが活やくしている。
- 医療の現場では、オンラインで医療相談ができる。
- コンビニエンスストアでは、ICカードやスマートフォンの②　　　で支はらいができる。

コンビニエンスストアが活用する情報

- ③　　　…商品を売るときにバーコードを読み取ることで、売れた商品や数などが自動的に記録されるシステム。
- お店は、売れた商品の種類や数、明日の天候などを参考に、本部に商品を④　　　する。
- 本部は、各店から集められた大量の情報をもとに、新しい商品を⑤　　　する。

レジで買い物をした情報は、すぐに本部に送られているんだね。

2 情報を生かしてものを運ぶ／情報通信技術の活用によるサービスの広がり 関係図にまとめる

教科書 下70〜75ページ

商品がコンビニエンスストアにとどけられるまで

- お店が出した発注情報は、本部から工場につながり、商品が生産・出荷される。
- ⑥　　　からトラックでお店に納品される。
- **位置情報**…自動車が現在いる位置や目的地までのきょりなどの情報。⑦　　　が人工衛星からの電波を受信して計測する。
- 買い物に行きにくいお年寄りや、店が近くにない人のために、商品を自宅までとどけたり、移動はん売をしたりするサービスもある。

GPS
位置情報を計測するシステム。

トラックの位置情報や店の状きょうは、本部のパソコンから確認できるよ。

情報通信技術の活用によるサービスの広がり

- コンピューターなどの情報通信機器を活用し、⑧　　　を使って情報処理や通信を行う⑨　　　（ICT）の活用が広がっている。
- 店内のコピー機が情報通信機器の機能をもち、チケットのこう入や保険への加入ができるほか、住民票の写しや印鑑登録証明書などが取得できる。
- 24時間たく配便を受け取れるたく配ロッカーや、銀行のあずけばらい機が設置されるなど、情報通信機器を活用してほかの産業とつながることで、はん売の産業が発展している。

選んだ言葉に✓
□インターネット　□配送センター　□情報通信技術　□開発　□GPS
□POSシステム　□電子マネー　□人工知能　□発注

学習日　　月　　日

ぴたトリビア

コンビニエンスストアでは、公共料金やネット通販（つうはん）の支はらい、銀行預金（よきん）の引き出し、たく配便の発送などのサービスがあります。

教科書　下66～75ページ　答え　47ページ

1 次の流れ図を見て、コンビニエンスストアの情報活用について、答えましょう。

1 機械で商品についている（①）を読み取る。
↓
2 売れた商品の（②）や数などが自動的に記録される。
↓
3 これらの記録は店の情報として（③）に送られる。
↓
4 （③）では、大量の情報をもとに新しい商品の（④）などを行う。

(1) 流れ図中の①～④にあう言葉を、㋐～㋕から選びましょう。

㋐ 開発　㋑ 種類　㋒ バーコード
㋓ 配送センター　㋔ 本部　㋕ 電子マネー

①（　　）②（　　）③（　　）④（　　）

(2) 流れ図中の1～3で使われているシステムを何といいますか。

（　　　　）

(3) 流れ図中の1で①を機械で読み取るのはいつですか。㋐～㋒から選びましょう。

㋐ 商品を仕入れるとき
㋑ 商品を店にならべるとき
㋒ 客がレジで支はらいをするとき

（　　）

(4) あらかじめ入金したICカードやスマートフォンなどで、現金（げんきん）の代わりに支はらいができるお金を何といいますか。（　　　　）

2 コンビニエンスストアのサービスの広がりに関する次の会話を読んで、正しいものには○を、まちがっているものには×をつけましょう。

①（　　）

お年寄りやお店が近くにない人などのために、商品を自宅までとどけたり、移動はん売をしたりしているよ。

②（　　）

コンビニエンスストアでは、高速バスの予約はできるけれど、スポーツの試合のチケットは買えないよ。

③（　　）

コンビニエンスストアのコピー機を使って、銀行に行かなくても、お金をおろしたり、あずけたりできるよ。

④（　　）

コンビニエンスストアのコピー機を使って、住民票の写しや印鑑登録証明書などを取得できるよ。

ヒント
1 (3) 売れた商品の数などが記録されるということから考えましょう。
2 ③④ コピー機を使ってできることを考えましょう。

4. 情報化した社会と産業の発展

2 情報を生かす産業

教科書 下66～75ページ　答え 48ページ

1 くらしを支える産業と情報の活用について、答えましょう。　1つ5点（30点）

(1) AIとは、人間に代わって、知的な活動をコンピューターに行わせる技術やコンピュータープログラムのことですが、これを日本語で何といいますか。漢字4字で書きましょう。

（　　　　）

(2) 情報を産業に活用している例としてふさわしくないものを、㋐～㋒から選びましょう。

思考・判断・表現

（　　　　）

㋐ コンピューターを使って農業用水の量をコントロールしている。

㋑ 自動運転で走行する自動車が開発されている。

㋒ 専門技術をもつ職人の分業でしっきを生産している。

(3) 次の①～④が行われるものや場所を、右の図中の㋐～㋓から選びましょう。

技能

①（　　　　）支はらいと同時に、客の性別や年れいなどが入力される。

②（　　　　）売れた商品の種類や数などが自動的に記録される。

③（　　　　）大量の情報を活用して、新しい商品を開発する。

④（　　　　）機械で商品のバーコードを読み取る。

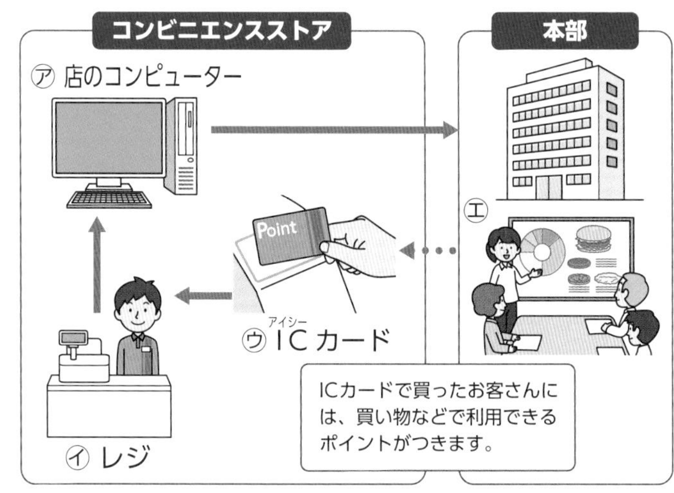

コンビニエンスストアから本部への情報の流れ

2 コンビニエンスストアの配送に関する次の文を読んで、答えましょう。　1つ5点（25点）

それぞれの店から（①）された商品は、工場などでつくられ、（②）からトラックを使って店にとどけられる。冷たい食べものや（③）などは1日に3回とどけられるなど、商品の特ちょうに合わせて配送される。コンビニエンスストアの本部では、ⓐ情報通信技術を活用して、トラックのⓑ位置情報などがパソコンの画面でわかるようになっている。

(1) 文中の①～③にあう言葉を、㋐～㋕から選びましょう。

㋐ お弁当　㋑ 文房具　㋒ 自宅　㋓ 予想　㋔ 配送センター　㋕ 発注

①（　　　　）②（　　　　）③（　　　　）

(2) よく出る 下線部ⓐの略称を、アルファベット3字で書きましょう。（　　　　）

(3) 下線部ⓑについて、位置情報を計測するシステムのことを何といいますか。アルファベット3字で書きましょう。

（　　　　）

3 コンビニエンスストアのサービスの広がりについて、答えましょう。

1つ5点、(2)10点（20点）

(1) コンビニエンスストアに設置されたコピー機でできることを、㋐～㋔から2つ選びましょう。（　　）（　　）

㋐ たく配便の受け取り
㋑ 預金の引き出し
㋒ 写真のプリント
㋓ 税金の支はらい
㋔ 保険への加入

記述 (2) できたらスゴイ！ 情報通信技術の発展は、はん売の産業にどのようなえいきょうをあたえていますか。かんたんに書きましょう。 思考・判断・表現

（　　　　　　　　　　　　　　　　）

4 次の図は、コンビニエンスストアがどのように情報を活用しているかをまとめた関係図の一部です。図中の①～⑤にあう言葉を、㋐～㋔から選びましょう。

1つ5点（25点）

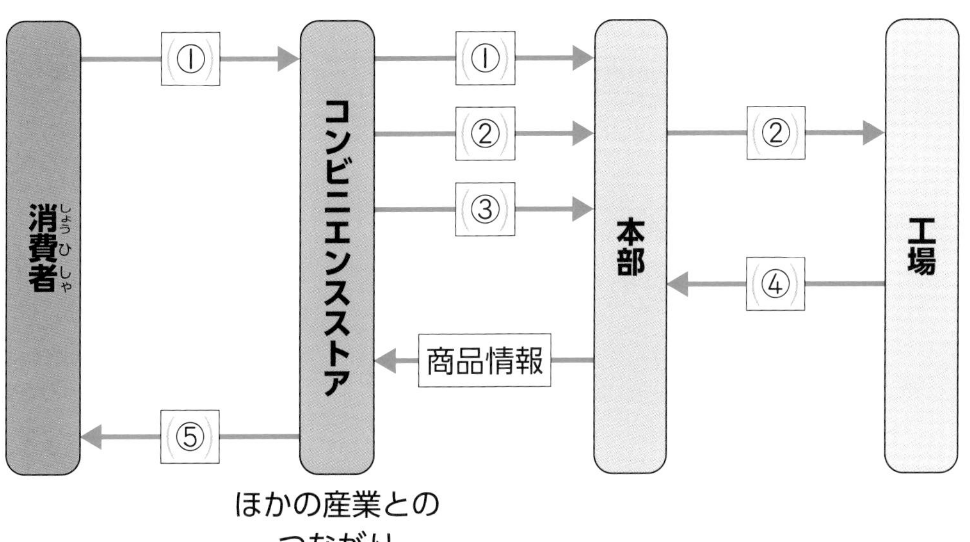

ほかの産業とのつながり

㋐ 売上げ情報
㋑ 消費者情報
㋒ 生産情報
㋓ 発注情報
㋔ はん売情報

①（　　）②（　　）③（　　）④（　　）⑤（　　）

ふりかえり ❸(2)がわからないときは、92ページの❷にもどって確認してみよう。

ぴったり1 **準備** ひろげる

4．情報化した社会と産業の発展

情報を生かす運輸業／情報を生かす観光業
情報を生かす医療産業／情報を生かす福祉産業

学習日　月　日

めあて
情報を分せきすると問題点や対策が見えてくることを理解しよう。

教科書 下76〜79ページ　答え 49ページ

次の（　）に入る言葉を、下から選びましょう。

1 情報を生かす運輸業／情報を生かす観光業

教科書 下76〜77ページ

運送会社での情報活用

- インターネットでの（①　　　　）を利用する人が増え、運送会社は通信はん売会社と連けいして、すばやくものを運んでいる。
- 注文情報をもとに、商品の（②　　　　）やこん包をしたり、配達先の情報をもとに荷物の（③　　　　）や配達を行ったりしている。
- 現在では、客がインターネットで荷物の配達状きょうを知ることができ、受け取り日時や場所を変こうすることもできる。

注文されたものを倉庫内で集めることをピッキングというよ。

下呂温泉での情報活用

- 岐阜県の下呂温泉では、2011年（平成23年）に起きた（④　　　　）のえいきょうで観光客が大きく減った。
- 約20の宿泊施設から、宿泊した人の数や性別、年代、住所、満足度などのデータを集めて（⑤　　　　）し、観光客を増やすために活用している。

2011年3月11日、東北地方の三陸沖で発生したマグニチュード9.0の巨大地震により引き起こされた大災害。

2 情報を生かす医療産業／情報を生かす福祉産業

教科書 下78〜79ページ

医療情報をあつかう会社での情報活用

- 全人口の中で（⑥　　　　）の人のわりあいが急げきに増え続けていることで、日本の医療制度を次の世代に引きつぐことができないのではないかという心配がある。
- 医療・健康データをグラフなどに（⑦　　　　）することで理解しやすくし、病気の予防などに役立ててもらう。

高齢化が進むと、医療費が増えるだけでなく、国がはらう年金の額も増えるよ。

福祉産業での情報活用

- （⑧　　　　）を必要とするお年寄りが増え、自宅で支援を必要とするお年寄りも多い。
- お年寄りの自立を支援するため、自宅のドアや寝室、トイレなどにセンサーを設置して、お年寄りの生活リズムのデータを集めて分せきし、ケアマネージャーが具体的なアドバイスやケアプランを示す。

選んだ言葉に✓

□東日本大震災	□通信はん売	□加工	□分せき
□65才以上	□ピッキング	□介護	□仕分け

ケアマネジャー（介護支援専門員）とは、介護や支援を必要とする人のために介護サービス計画（ケアプラン）の作成などを行う専門家です。

教科書　下76〜79ページ　答え　49ページ

1 運輸業、観光業での情報活用について、答えましょう。

(1) 次の文中の①〜④にあう言葉を、㋐〜㋕から選びましょう。

ここ数年、（①）で通信はん売を利用する人が増えている。運送会社は通信はん売会社と連けいして、（②）をもとに商品のピッキングやこん包をしたり、（③）をもとに荷物の仕分けや配達を行ったりしている。

一方、客は（①）で荷物の（④）を知ることができ、都合に合わせて受け取り日時や場所を変こうすることができる。

㋐ 電話　㋑ インターネット　㋒ 配達状きょう
㋓ 在庫情報　㋔ 注文情報　㋕ 配達先情報

①（　　）②（　　）③（　　）④（　　）

(2) 下呂温泉では、観光客を増やす取り組みに活用するため、宿泊施設からデータを集めています。宿泊施設から提供されるデータとしてふさわしくないものを、㋐〜㋓から選びましょう。

（　　）

㋐ 宿泊者の名前　㋑ 宿泊者の年代
㋒ 宿泊者の性別　㋓ 宿泊者が利用したプラン

2 医療産業、福祉産業での情報活用について、答えましょう。

(1) 医療産業の課題と情報活用の説明について、正しいものには○を、まちがっているものには×をつけましょう。

①（　　）全人口の中で65才以上のわりあいが急げきに増えると、提供される医療の質も高くなる。
②（　　）医療・健康データをグラフに加工すると、多くの人が理解しやすくなる。
③（　　）ぼう大な医療データは、医療の発展や薬の研究開発のためにも使われる。

(2) 次の文中の①〜③にあう言葉を［　］から選びましょう。

現在、（①）を必要とするお年寄りや、自宅で支援を必要とするお年寄りが増えている。お年寄りの（②）を支援するため、自宅のドアや寝室、トイレなどにセンサーを設置して、お年寄りの生活リズムのデータを集めて（③）する取り組みが行われている地域もある。（③）の結果をもとに、ケアマネジャーが具体的なアドバイスやケアプランを示すことで、お年寄りの生活の改善につなげている。

分せき　介護　自立

①（　　）②（　　）③（　　）

ヒント　1 (2) 個人情報の取りあつかいには注意が必要です。

ぴったり1 準備

3分でまとめ

4. 情報化した社会と産業の発展
3 情報を生かすわたしたち

学習日　月　日

めあて
情報を活用する際のルールやマナーを理解しよう。

教科書 下80～85ページ　答え 50ページ

次の（　　）に入る言葉を、下から選びましょう。

1 あふれる情報／情報活用のルールやマナー
教科書 下80～81ページ

ワンポイント SNSとは

●（①　　　　）…ソーシャル・ネットワーキング・サービスの略。ネットワーク上のコミュニケーション機能をもったサービス全般を指す。

インターネットでできる主なこと

ソーシャルゲーム
ホームページを利用した調べもの
SNS、ブログなど
ニュースや災害情報を見る
メール
ショッピング
デジタル教科書
オンライン授業

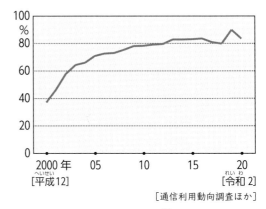

インターネットのふきゅう率の変化

情報化した社会で起こる問題とルールやマナー

- （②　　　　）ニュース…SNSで知ったまちがった情報を広めてしまった。
- 肖像権の（③　　　　）…SNSで友だちの写真を無断で公開してしまった。
- SNSによるいじめや（④　　　　）…けんかをした友達の悪口をSNSに書いてしまった。
- インターネット上に流れた情報は止めることができないため、（⑤　　　　）を発信するときは、じゅうぶん注意する。

2 インターネットを活用した学習／情報の活用について話し合う／情報の役わり
教科書 下82～85ページ

インターネットで調べ学習をするときに気をつけること

- （⑥　　　　）情報かどうかを見きわめ、情報を選んで受け取る。
- 写真や動画は、ほかで使用してよいものか判断する。
- 参考にした資料や本の名前、作者、発行元、発行年などを書いておく。

情報をそのまま信じる前に、正しいかどうかを確認しよう。

情報を正しく活用するために必要なこと

- （⑦　　　　）…メディアが伝える情報の中から必要な情報を自分で選び出し、内容の正しさを確認し、活用する能力や技能。
- 正しい（⑧　　　　）を知る。

情報モラル
情報化した社会で適正な活動を行うためのもとになる考え方や態度。

選んだ言葉に ✓

□メディアリテラシー	□正しい	□SNS	□犯罪
□情報モラル	□フェイク	□個人情報	□侵害

ぴったり2

練習

学習日　　月　　日

ぴたトリビア

個人情報には、住所、氏名、年齢、性別、生年月日、電話番号のほか、国籍、家族構成、勤務先、身長、体重などもふくまれます。

教科書　下80〜85ページ　答え　50ページ

1 情報化した社会で起こる問題について、答えましょう。

(1) 次の絵は、SNSの利用で起こる問題の例を表しています。①〜③の絵にあう問題を、㋐〜㋓から選びましょう。

①（　　　）　②（　　　）　③（　　　）

㋐ 飲食店で悪ふざけをした写真をSNSに投稿して炎上した。

㋑ けんかをした友達の悪口をSNSに書いた。

㋒ SNSで知ったまちがった情報を広めた。

㋓ SNSで友だちの写真を無断で公開した。

(2) (1)の②では、どのような権利が侵害されていますか。漢字3字で書きましょう。

（　　　　）

2 情報を正しく活用する方法について、答えましょう。

(1) インターネットで情報を集めたりまとめたりするときのルールについて、正しいものには○を、まちがっているものには×をつけましょう。

①（　　）インターネット上には正しい情報しか公開されていないため、集めた情報はそのまま使ってもよい。

②（　　）集めた写真や動画は、ほかで使用してよいものか判断する。

③（　　）参考にした資料が多いときは、本の名前は書いておくが、作者の名前は省略してもよい。

(2) 情報を正しく活用するために身につけることが求められている、メディアが伝える情報の中から必要な情報を自分で選び出し、内容の正しさを確認し、活用する能力や技能のことを何といいますか。

（　　　　）

(3) 情報化した社会で適正な活動を行うためのもとになる考え方や態度のことを何といいますか。

（　　　　）

ヒント

1 (2) 自分の顔や姿を勝手に写真や映像にとられたり、それを使用されたりすることを拒否する権利のことです。

4. 情報化した社会と産業の発展

3 情報を生かすわたしたち

教科書 下80〜85ページ　答え 51ページ

1 次の２つのグラフを見て、答えましょう。

1つ9点（45点）

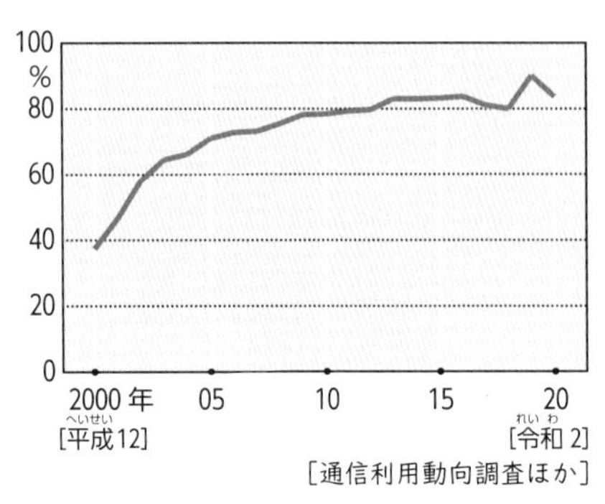

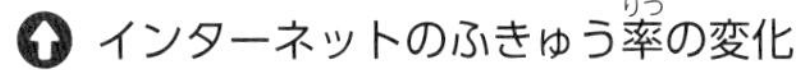
インターネットのふきゅう率の変化

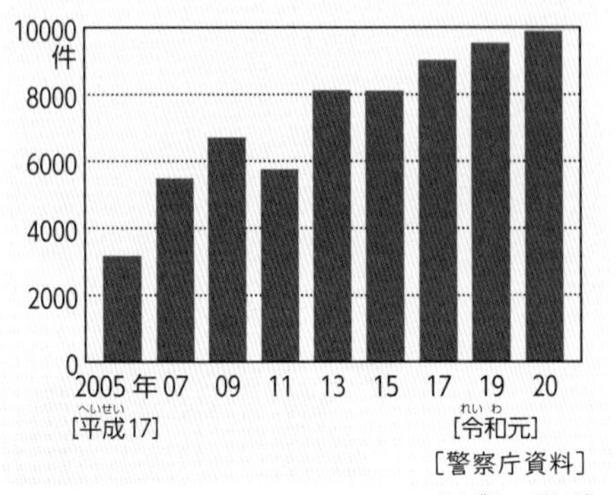

インターネットを利用した犯罪の件数の変化

(1)　２つのグラフから読み取れることとして正しいものには○を、まちがっているものには×をつけましょう。

技能

①（　　　）

インターネットのふきゅう率は、20年間で２倍以上に増えたね。

②（　　　）

インターネットのふきゅう率は、2020年には100％になっているよ。

③（　　　）

インターネットのふきゅう率が高まるとともに、インターネットを利用した犯罪の件数も増えているね。

④（　　　）

インターネットを利用した犯罪は、2020年には10000件近く発生しているね。

(2)　インターネットを利用する機器の種類のうち、それぞれの機器を使ってインターネットを利用した人のわりあいが最も高いもの（2021年）を、㋐〜㋓から選びましょう。

㋐　インターネット対応テレビ

㋑　スマートフォン

㋒　タブレット型機器

㋓　パソコン

（　　　）

2 インターネットの利用をめぐるルールやマナーについて、答えましょう。

1つ9点（27点）

(1) よく出る ルールやマナーを守ったインターネットの活用方法として正しいものを、㋐〜㋕から2つ選びましょう。 思考・判断・表現

（　　　）（　　　）

㋐ 友だちとけんかをしたので、悪口を掲示板に書きこんだ。
㋑ 使い古した洋服を、新品とうそをついてフリーマーケットアプリで売った。
㋒ 気に入った曲があったので、音楽配信サイトでこう入してダウンロードした。
㋓ 友だちがかいたイラストを、自分がかいたことにしてSNSに投稿した。
㋔ 使った覚えのないウェブサイトの利用料金を請求するメールがとどいたので、親に相談した。
㋕ 大金をもらえると勧誘されて、SNSで募集されていたアルバイトに応募した。

記述 (2) できたらスゴイ! 右の資料は、ある小学生がインターネット上の掲示板に行った書きこみです。この書きこみにはどのような問題点がありますか。かんたんに書きましょう。 思考・判断・表現

（　　　　　　　　　　）

○○さんへ
　◇◇さんへ手紙を出したいとのことですが、◇◇さんの住所は、たしか●●市××町△△丁目▲▲番地だったと思います。……

3 情報を正しく活用する方法に関する次の文を読んで、答えましょう。

1つ9点、(2)10点（28点）

　① が進んだ社会では、情報がくらしや産業に役立っている。インターネットのふきゅうによって多くの情報を得ることができるようになったが、その情報のすべてが正しいとは限らない。情報を正しく活用するには、メディアリテラシーを身につけることが大切である。また、 ① した社会で適正な活動を行うためのもとになる考え方や態度である ② を知ることで、SNSでのコミュニケーションをうまく活用することが可能となる。

(1) 文中の①、②にあう言葉を書きましょう。

①（　　　　）②（　　　　）

記述 (2) 下線部について、メディアリテラシーとはどのような能力や技能のことですか。かんたんに書きましょう。 思考・判断・表現

（　　　　　　　　　　）

ふりかえり ❸(2)がわからないときは、98ページの❷にもどって確認してみよう。

ぴったり1 準備

5．わたしたちの生活と環境

1 自然災害を防ぐ①

学習日 月 日

めあて
日本で自然災害が多いのは、地形や気候とかかわりがあることを理解しよう。

教科書 下86～91ページ　答え 52ページ

次の（　）に入る言葉を、下から選びましょう。

1 自然災害が多い日本の国土

教科書 下86～89ページ

ワンポイント 世界遺産

- **世界遺産**…世界遺産条約にもとづいて登録された遺跡や自然など。自然遺産、（①　　　）、複合遺産の三つに分けられる。
- 自然遺産…北海道の（②　　　）、青森県・秋田県の（③　　　）、鹿児島県の屋久島、東京都の小笠原諸島などがある。

日本の主な自然災害

- （④　　　）**災害**…1995年の阪神・淡路大震災、2011年の東日本大震災など。
- （⑤　　　）**災害**…東日本大震災の際に発生し、大きな被害が出た。
- **風水害**…強風や大雨によるこう水や土砂災害。
- （⑥　　　）**災害**…火山の噴火による災害。
- **雪害**…大雪による災害。

日本は山地が多く、川の流れが急で短いため、大雨がふると土砂災害が発生しやすいよ。

日本周辺のプレート

2 地震災害への取り組み

教科書 下90～91ページ

地震が起こるしくみ

- 地震は、大地に（⑦　　　）が生じることで起こり、建物がたおれたり、道路が通れなくなったりする。
- 日本の国土は複数の（⑧　　　）が出合う境界にあり、内陸には（⑨　　　）も数多くあるため、地震が発生しやすい。

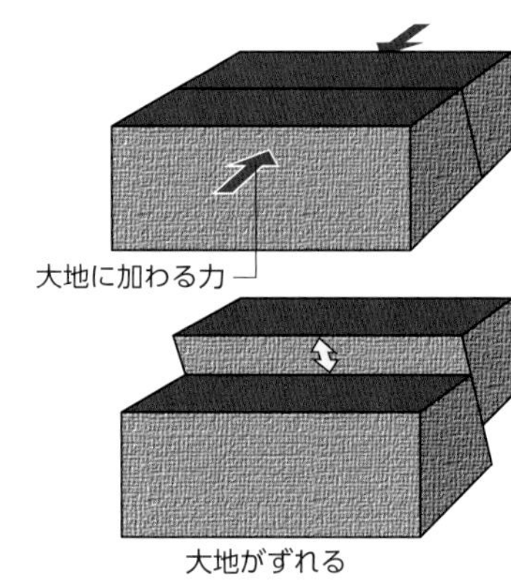

断層で起きる地震

地震災害への対策

- 気象庁は、大きな地震が発生したときに**緊急地震速報**を出して、強いゆれが予想されることを知らせる。
- 学校や公共施設などを中心に（⑩　　　）を進めている。
- 国土交通省は、自然災害が起きると災害対策本部を開いて対応を検討する。

選んだ言葉に✓

□耐震工事	□プレート	□断層	□ずれ	□火山
□文化遺産	□白神山地	□知床	□津波	□地震

学習日　月　日

ぴたトリビア
地震の震度とは、ある場所での地震によるゆれの強さを表す数値です。
それに対して、マグニチュードとは、地震そのものの大きさを表す数値です。

教科書 下86〜91ページ　答え 52ページ

1 日本の自然環境と自然災害について、答えましょう。

(1) 日本の世界遺産とその説明について、あうものを線で結びましょう。

① 知床　・　　・ ㋐樹齢が3000年をこえるともいわれる縄文杉などが有名。

② 屋久島　・　　・ ㋑多くの固有種が生息していることで有名。

③ 小笠原諸島　・　　・ ㋒火山や流氷の美しさで有名。

(2) 日本の地形と自然災害の関係について、正しいものには○を、まちがっているものには×をつけましょう。

①(　　　) 日本は、山地は多いが火山はほとんどないため、火山災害は少ない。
②(　　　) 日本は、川の流れが急で短いため、大雨がふると土砂災害が発生しやすい。

2 地震災害に関する次の文を読んで、答えましょう。

地球の表面は、十数まいの(①)でおおわれ、少しずつ動いているため、(①)がぶつかったり、ずれたりすることがある。地震は、大地にずれが生じることによって起こるが、日本の国土は複数の(①)の境界に位置することに加え、(②)には断層も数多くあることから、地震が発生しやすい地域である。

(1) 文中の①、②にあう言葉を書きましょう。

①(　　　　　)　②(　　　　　)

(2) 下線部について、断層ができるしくみを、㋐・㋑から選びましょう。

(　　　)

㋐ 地下の深いところで大きな地震が起きたときに、地面が広がったあとが断層となる。
㋑ 地下の浅いところで大きな地震が起きたときに、地面がずれたあとが断層となる。

(3) 大きな地震が発生したとき、大きなゆれが予想される直前に気象庁が出す速報を何といいますか。

(　　　　　)

(4) 2011年3月11日、東北地方の太平洋沖で起こった巨大地震とそれにともなう津波によって引き起こされた大災害を何といいますか。

(　　　　　)

ヒント 2 (2) こうしてできた断層が再びずれると、地震が起こります。

1 自然災害(さいがい)を防(ふせ)ぐ②

学習日　月　日

めあて
防災と減災のちがいを理解(りかい)しよう。

教科書 下92〜99ページ　答え 53ページ

 次の（　　）に入る言葉を、下から選びましょう。

1 津波(つなみ)災害への取り組み／風水害への取り組み

教科書 下92〜95ページ

津波が起きるしくみ

- 大きな地震(じしん)が起きた後、プレートが反発して海水が大きく動くことで津波が発生する。

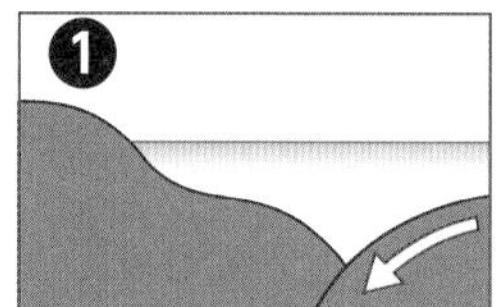

❶ 長い時間をかけて、海底のプレートにひずみがたまる。

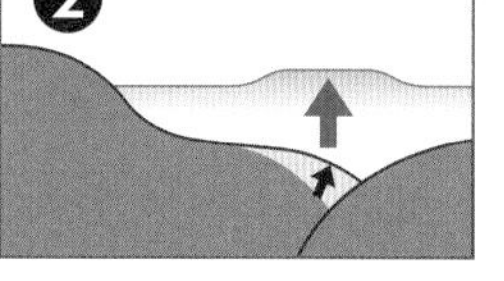

❷ プレートがずれて地震が起きると、海水が持ち上げられ、津波が発生する。

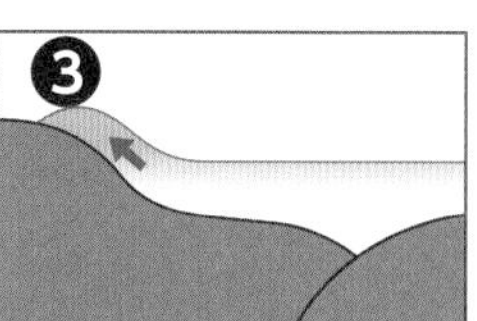

❸ 陸地に津波がとうたつすると、津波はさらに高くなる。

津波災害への対策(たいさく)

- 国や都道府県などが**公共事業**を行い、防災(ぼうさい)対策を進めている。
- 海岸に近い地域(ちいき)では、津波が来たときにひなんするための①（　　　）を建設(けんせつ)したり、たく地の②（　　　）をしたりしている。
- 津波を防(ふせ)ぐための③（　　　）の建設を進めている。

風水害への対策

- 日本では、つゆや台風があり、短時間に雨が多くふるときもあるため、こう水や土砂(どしゃ)災害などの風水害が発生しやすい。
- ④（　　　）…大雨のときに山や川の上流の土砂が大量に流れてくるのを防ぐ。

地面にひびわれができる
しゃ面から水がわき出す
山鳴りがする
がけから小石がぱらぱらと落ちてくる
急に川の流れがにごり流木が混(ま)ざる
がけにわれ目が見える

土砂災害が起きる前ぶれ

- ⑤（　　　）…こう水によるしん水が予想される場所などを示している。

2 火山災害や雪害への取り組み／表に整理する

教科書 下96〜99ページ

火山災害への対策

- 日本には現在(げんざい)も活動している火山が多く、⑥（　　　）により火さい流、よう岩流、火山灰(かざんばい)、火山ガス、噴石(ふんせき)などが発生する。
- ⑦（　　　）…とつぜんの噴火(ふんか)でとんでくる火山灰や石などから身を守るための場所。

雪害への対策

- 雪害は、冬の北西季節風のえいきょうで大雪がふる⑧（　　　）側で発生しやすい。
- 道路の凍結(とうけつ)を防ぐための消雪パイプや、なだれを防ぐためのさくを整備(せいび)している。
- 自然災害はなくすことができないため、国や都道府県は、災害が発生したときに被害(ひがい)をできるだけ減(へ)らす⑨（　　　）に取り組んでいる。

選んだ言葉に✓					
	□津波ひなんタワー	□ひなんごう	□防潮堤(ぼうちょうてい)	□噴火	□日本海(にほんかい)
	□ハザードマップ	□砂防(さぼう)ダム	□減災(げんさい)	□かさ上げ	

学習日　月　日

ぴたトリビア

近年は、次々と発生・発達した雨雲が線状(せんじょう)にならび、数時間にわたって同じ場所に強い雨をふらせる線状降水帯(こうすいたい)が各地で発生しています。

教科書 下92～99ページ　答え 53ページ

1 津波災害と風水害について、答えましょう。

(1) 次の文中の①～③にあう言葉を、㋐～㋔から選びましょう。

長い時間をかけて海底の（①）にひずみがたまり、（①）がずれて地震が起きると、（②）が持ち上げられ、津波が発生する。陸地に津波がとうたつすると、津波はより（③）なる。

㋐ 海水　㋑ 断層(だんそう)　㋒ プレート　㋓ 高く　㋔ 低く

①（　　）②（　　）③（　　）

(2) 津波災害や風水害への対策とその説明について、あうものを線で結びましょう。

① 防潮堤 ・　　・ ㋐ふった雨水を大量に取りこみ、川に排水(はいすい)するようになっている。

② ハザードマップ ・　　・ ㋑海岸につくられており、海水が陸地にしん入するのを防いでいる。

③ 放水路 ・　　・ ㋒こう水が起こったときにしん水が予想される場所などを示している。

(3) 右の絵は、山や川の上流につくられた、土石流などを防ぐための施(し)設(せつ)です。これを何といいますか。

（　　　　）

2 火山災害と雪害について、答えましょう。

(1) 火山災害と雪害について、正しいものには○を、まちがっているものには×をつけましょう。

①（　　）火山現象(げんしょう)には、よう岩流や火山でい流、火山ガス、なだれなどがある。

②（　　）気象庁(きしょうちょう)は、観測(かんそく)する活火山を指定し、噴火の前ぶれがあると警報(けいほう)で知らせる。

③（　　）冬に大雪のふる場所は、太平洋(たいへいよう)側に集中している。

(2) 自然災害が発生したときに、被害をできるだけ減らすことができるようにする取り組みを何といいますか。

（　　　　）

(3) (2)の取り組みは、どのような考え方にもとづいていますか。㋐・㋑から選びましょう。

（　　）

㋐ 災害の発生をゼロにすることができる。

㋑ 災害はなくすことができない。

ヒント　2 (2) 自然災害による被害をできるだけ「減らす」という点から考えましょう。

5．わたしたちの生活と環境

1 自然災害を防ぐ

教科書 下86～99ページ　答え 54ページ

1 日本の自然遺産に関する次の文を読んで、答えましょう。 1つ5点（25点）

（①）とは、（①）条約にもとづいて登録された遺跡や自然などのことで、自然遺産、文化遺産、（②）遺産の三つに分けられる。

(1) 文中の①、②にあう言葉を書きましょう。

①（　　　　）②（　　　　）

(2) 下線部について、次の①～③にあう自然遺産を、㋐～㋔から選びましょう。

①（　　）青森県・秋田県にまたがり、ぶなの林で有名である。
②（　　）鹿児島県にあり、縄文杉をはじめとする杉が有名である。
③（　　）東京都にあり、多くの固有種が生息していることで有名である。

㋐ 西表島　㋑ 小笠原諸島　㋒ 白神山地　㋓ 知床　㋔ 屋久島

2 地震災害や津波災害について、答えましょう。 1つ5点（25点）

(1) 次の文中の①～③にあう言葉を、㋐～㋕から選びましょう。

地震は、大地に（①）が生じることによって起こる。日本の国土は、複数のプレートが出合う位置にあることに加え、内陸には（②）も多いことから、世界的に見ても地震の多い地域である。1995年の阪神・淡路大震災は（②）、2011年の東日本大震災はプレートの境界付近を（③）とする地震によってもたらされた大災害である。

㋐ 海水　㋑ 震源　㋒ ずれ　㋓ 断層　㋔ 土砂　㋕ 噴石

①（　　）②（　　）③（　　）

(2) 下線部について、東日本大震災で津波による被害が大きかった地域を、右の地図中の㋐～㋓から選びましょう。 技能

（　　）

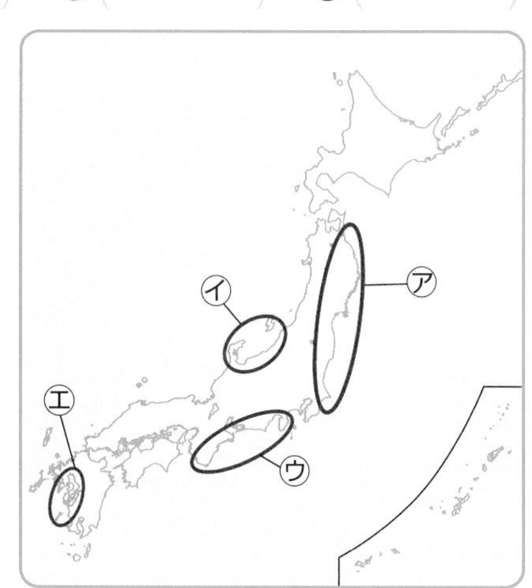

(3) 津波災害への対策として効果的ではないものを、㋐～㋒から選びましょう。 思考・判断・表現

（　　）

㋐ 高台に放水路を建設する。
㋑ 海岸に防潮堤を建設する。
㋒ 海岸に近い地域のたく地のかさ上げをする。

3 風水害、雪害について、答えましょう。

1つ4点、(1)10点（18点）

記述 (1) できたらスゴイ！ 砂防ダムは、どのような目的で、どのような場所に建設されますか。「上流」「下流」という言葉を使って、かんたんに書きましょう。 **思考・判断・表現**

（　　　　　　　　　　　　　　　　　　　　）

(2) 次の文中の①、②にあう言葉を書きましょう。

日本では、冬に北西からふく（①）のえいきょうを受けて多くの雪がふる（②）側の地域で雪害が発生しやすい。

①（　　　　　）　②（　　　　　）

4 自然災害への備えについて、答えましょう。

1つ4点（32点）

(1) 次の①～③の絵は、どのような自然災害に備えたものですか。［　　］から選びましょう。

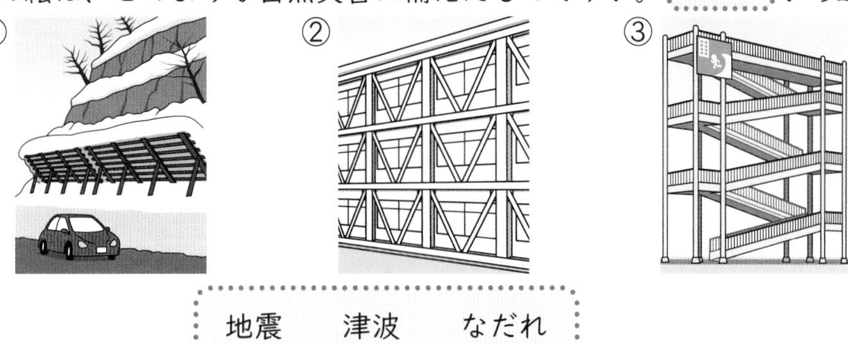

地震　津波　なだれ

①（　　　　）　②（　　　　）　③（　　　　）

(2) 国や都道府県などが行う防災対策に関する次の会話を読んで、正しいものには○を、まちがっているものには×をつけましょう。

①（　　）

地震の大きなゆれが予想される直前に、テレビなどで環境省の出した緊急地震速報が流れるよ。

②（　　）

気象庁は、1か月に1回火山を観測して、噴火の前ぶれがあると警報などで都道府県や関係機関に知らせるよ。

③（　　）

自治体などが配付するハザードマップは、災害が起きる前の備えができ、災害が起きたときにもひなんの参考になるよ。

(3) 防災対策のほか、道路や水道の整備など、国民の生活を向上させるために国や都道府県などが行う事業のことを何といいますか。（　　　　）

(4) よく出る 自然災害が発生したときに、被害をできるだけ減らすことができるようにする取り組みを何といいますか。（　　　　）

ふりかえり ③(1)がわからないときは、104ページの1にもどって確認してみよう。

2 わたしたちの生活と森林①

学習日　　月　　日

めあて
天然林と人工林にはどのようなちがいがあるかを理解（りかい）しよう。

教科書 下100〜103ページ　答え 55ページ

次の（　　）に入る言葉を、下から選びましょう。

1 日本の森林

教科書 下100〜101ページ

国土にしめる森林のわりあい

- 日本は（①　　　　）の面積のわりあいが多く、森林の面積は国土のおよそ（②　　　　）をしめる。
- 日本は、（③　　　　）とともに、世界でも森林のわりあいが多い国である。
- 日本の土地利用は、都市や（④　　　　）も各地に広がっているが、森林の面積が最も大きく、北海道（ほっかいどう）から沖縄（おきなわ）までの日本全国に広がっている。

住たく・工業用地など 5.2
そのほか 17.0
農地 11.6
森林 66.2%
総（そう）面積：37.8万km²
［2019年/令和3年版土地白書］

日本の土地利用のわりあい

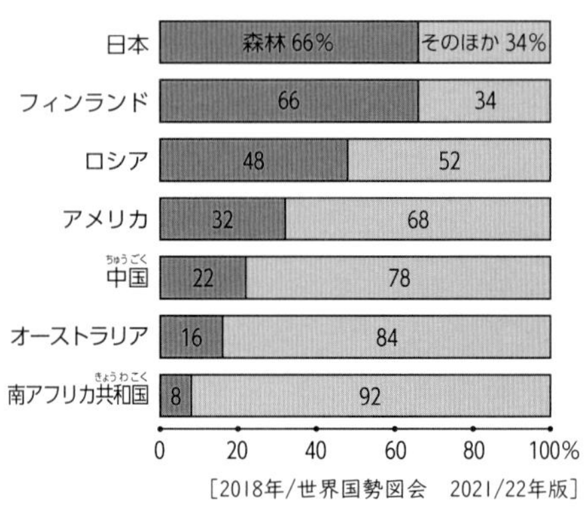

	森林	そのほか
日本	森林 66%	そのほか 34%
フィンランド	66	34
ロシア	48	52
アメリカ	32	68
中国（ちゅうごく）	22	78
オーストラリア	16	84
南アフリカ共和国（きょうわこく）	8	92

世界各国の国土にしめる森林のわりあい

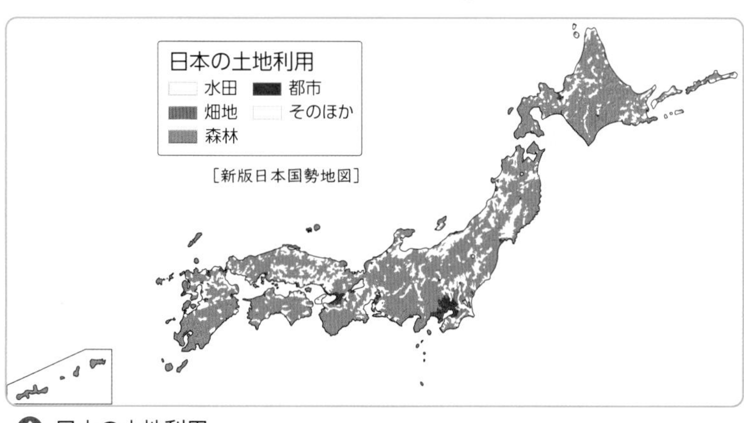

日本の土地利用

2 森林とのかかわり

教科書 下102〜103ページ

ワンポイント　天然林と人工林

- （⑤　　　　）…自然にできた森林。
  →木の枝（えだ）や葉が（⑥　　　　）、太さがそれぞれちがう。
- （⑦　　　　）…人の手で植林した森林。
  →木の枝が（⑧　　　　）、同じ太さの木が同じ間かくでならんでいる。

人工林には、防風林（ぼうふうりん）や防砂林（ぼうさ）など、わたしたちのくらしを守る働きをするものもあるよ。

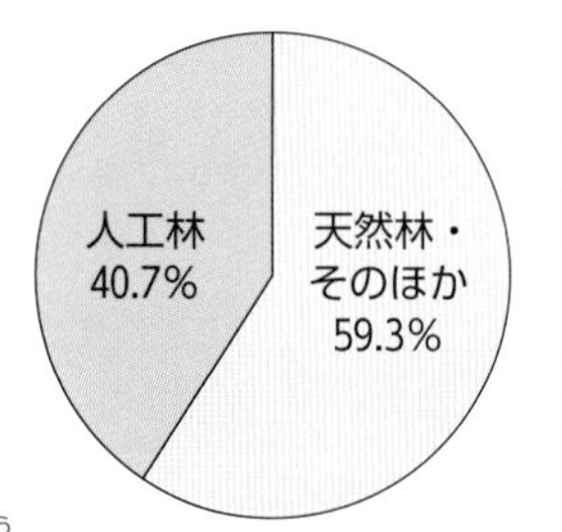

総（そう）面積：2505万ha/2017年
［森林資源現況総括表］

天然林と人工林の面積のわりあい

選んだ言葉に✔

□フィンランド　□天然林　□農地　□少なく
□3分の2　□人工林　□山地　□多く

学習日　　月　　日

ぴたトリビア

森林面積のわりあいを都道府県別に見ると、第１位は高知県で約84％、第２位は岐阜県で約81％、第３位は長野県で約79％です（2017年）。

教科書 下100〜103ページ　答え 55ページ

1 日本と世界の森林について、答えましょう。

(1) 次の文中の①、②にあう数字を整数で書きましょう。

> 日本は、世界でも森林のわりあいが多い国であり、国土のおよそ（①）分の（②）を森林がしめている。

①（　　　）　②（　　　）

(2) 右のグラフは、世界各国の国土にしめる森林のわりあいを表しています。グラフ中のⒶ〜Ⓒにあう国を［　］から選びましょう。

［オーストラリア　フィンランド　ロシア］

Ⓐ（　　　）
Ⓑ（　　　）
Ⓒ（　　　）

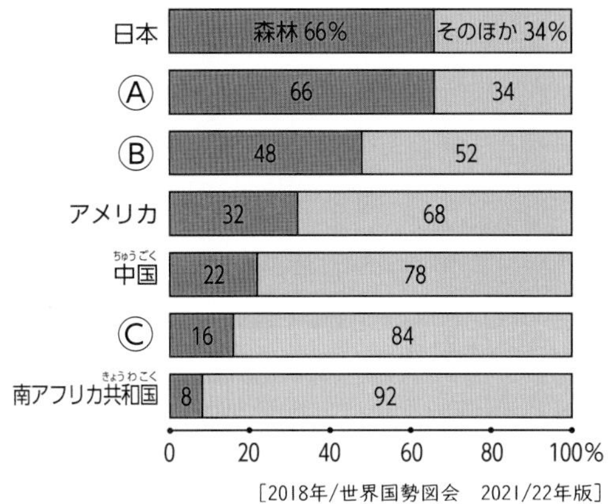

(3) 右の地図は、日本の土地利用を表しています。地図中の①〜④の地域で多い土地利用を、㋐〜㋓から選びましょう。

㋐ 水田　㋑ 都市
㋒ 畑地　㋓ 森林

①（　　）②（　　）
③（　　）④（　　）

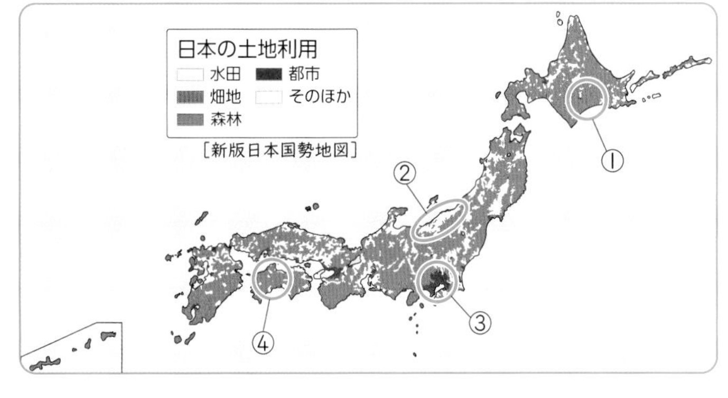

2 森林とのかかわりについて、答えましょう。

(1) 森林には、天然林と人工林があります。㋐〜㋔はどちらの特ちょうにあてはまるか選びましょう。

㋐ 木が同じ間かくでならんでいる。　㋑ 木の枝や葉が多い。
㋒ 木の太さがそれぞれちがう。　㋓ 木の枝が少ない。
㋔ 木の太さが同じである。

天然林（　　）（　　）
人工林（　　）（　　）（　　）

(2) 日本の森林面積にしめる人工林のわりあい（2017年）を、㋐〜㋒から選びましょう。

（　　）

㋐ 約24％　㋑ 約41％　㋒ 約66％

ヒント　2 (1) 天然林は自然にできた森林、人工林は人の手で植林した森林のことです。

2 わたしたちの生活と森林②

学習日　月　日

めあて
日本の林業がかかえる課題を理解しよう。

教科書 下104〜107ページ　答え 56ページ

次の（　）に入る言葉を、下から選びましょう。

1 貴重な天然林・白神山地

教科書 下104〜105ページ

白神山地の天然林

- 青森県から秋田県にかけて広がる白神山地は、（①　　　）の天然林で知られ、世界自然遺産に登録されている。
- 赤石川では、ぶなの天然林がたくわえた（②　　　）をふくむきれいな水が流れる。

ぶな林は、鳥やくまなどにとって、すみかやえさを得る生活の場になっているよ。

森林の保全

- 国や県は、白神山地を（③　　　）に指定し、世界遺産に登録されている地域には、許可がなければ入れないようになっている。

2 木材をつくり出す森林

教科書 下106〜107ページ

人工林と林業

- 秋田県大館市、北秋田市では、秋田杉を活用した（④　　　）が行われている。
- 秋田杉は、主に（⑤　　　）用の木材として使われる。
- 天然の秋田杉は少なくなり、人工の秋田杉をなえ木から育てて木材に加工している。
- 製材工場で出た木のくずは、（⑥　　　）をつくる会社にはん売し、チップにくだいた後、（⑦　　　）の燃料として活用される。

森林の木が木材になるまで

❶植　林…なえ木を植える。
↓
❷下草がり…木の成長をさまたげる雑草などをかり取る。
↓
❸間ばつ…木の成長をよくするため、木を間引いて本数を減らす。
↓
❹木を切って運び出す…製材工場に運んで木材に加工する。

植えた木が木材になるまでには、40〜50年ほどかかるんだね。

日本の林業の課題

- 林業で働く人の数が減っている。
- 木材の（⑧　　　）は近年大きく変化している。
- 天然の森林資源の量はあまり変わっていないが、人工林の量は増えている。

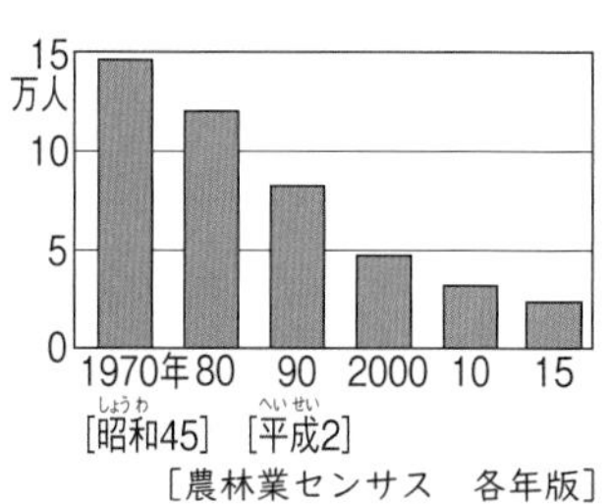

林業で働く人々の数の変化

選んだ言葉に✔
□住たく　□輸入量　□ぶな　□木質バイオマスエネルギー
□発電　□養分　□林業　□保護地区

学習日　　月　　日

「バイオマス」とは、生物資源(bio)の量(mass)を表す言葉で、再生可能な生物由来の資源のことをいいます。

教科書 下104〜107ページ　答え 56ページ

1 白神山地について、答えましょう。

(1) 次の文中の①〜③にあう言葉を、㋐〜㋕から選びましょう。

（①）県から秋田県にかけて広がる白神山地は、（②）の天然林で知られ、1993年には鹿児島県の屋久島とともに世界（③）遺産に登録された。

㋐ 青森　㋑ 岩手　㋒ 自然　㋓ 文化　㋔ 杉　㋕ ぶな

①（　　）②（　　）③（　　）

(2) 白神山地の森林を保全するための対策として正しいものを、㋐・㋑から選びましょう。（　　）

㋐ 世界遺産の登録地域に入るための入山手続きを行っている。

㋑ 交通の便をよくするため、白神山地に林道を通している。

2 木材をつくり出す森林について、答えましょう。

植林

①

②

③

(1) 上の絵は、森林の木が木材になるまでの作業を表しています。①〜③の作業の内容にあてはまるものを、㋐〜㋒から選びましょう。

㋐ 木の成長をよくするため、木を間引いて本数を減らす。

㋑ 木の成長をさまたげる雑草などをかり取る。

㋒ 木を切って運び出す。

①（　　）②（　　）③（　　）

(2) 製材工場で出た木のくずは、チップにされて発電の燃料として活用されます。このエネルギーのことを何といいますか。（　　　　）エネルギー

(3) 右のグラフは、森林資源の量の変化を表しています。グラフから読み取れることとして正しいものには○を、まちがっているものには×をつけましょう。

①（　　）天然林・そのほかの量は、減り続けている。

②（　　）人工林の量は、増え続けている。

③（　　）1966年と比べて、2017年の森林資源の総量は2倍以上に増えている。

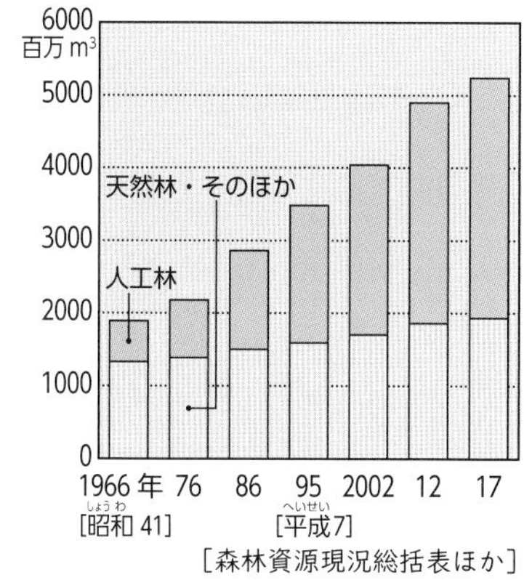

[森林資源現況総括表ほか]

ヒント ❷ (3) グラフのぼう全体を見るのか、ぼうの中の色分けを見るのかに、注意しましょう。

5．わたしたちの生活と環境

2 わたしたちの生活と森林③

学習日　月　日

めあて
森林にはさまざまな働きがあることを理解しよう。

教科書 下108〜111ページ　答え 57ページ

次の（　　）に入る言葉を、下から選びましょう。

1 さまざまな森林の働き

教科書 下108〜109ページ

森林の働き

手入れが行きとどかない森林はあれてしまい、その働きが生かされなくなるよ。

- （①　　　　）をたくわえる。
- 空気をきれいにする。
- （②　　　　）などの災害を防ぐ。

例 鉄道を雪から守る（③　　　　）、畑を砂から守る（④　　　　）、家を風から守る（⑤　　　　）など。

森林資源の利用

- 大館（⑥　　　　）…秋田県大館市の伝統的工芸品で、秋田杉が使われている。
- （⑦　　　　）を使った製品を積極的に利用することは、人工林の育成につながる。

間ばつ材
人工林を育てるとちゅうの間ばつによって切られた木材。

2 図にまとめる

教科書 下110〜111ページ

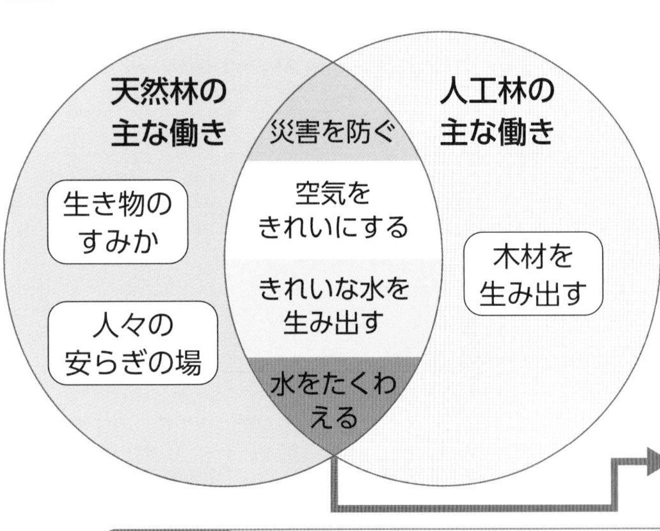

国土を（⑧　　　　）し、わたしたちの生活を守る

天然林と人工林のちがいと共通点を確認しよう。

選んだ言葉に ✓
□土砂くずれ　□防砂林　□防風林　□間ばつ材
□曲げわっぱ　□防雪林　□保全　□水

学習日　月　日

ぴたトリビア

木の根は土の中で網(あみ)の目のように広がり、土が流れ出すのをおさえています。多くの木が根を張(は)ることで、土砂くずれを防ぐ働きをしています。

教科書 下108〜111ページ　答え 57ページ

1 森林とわたしたちの生活とのかかわりについて、答えましょう。

(1) 次の絵とその説明について、あうものを線で結びましょう。

① 

㋐強い風から家を守る防風林だよ。

② 

㋑雪から鉄道を守る防雪林だよ。

③ 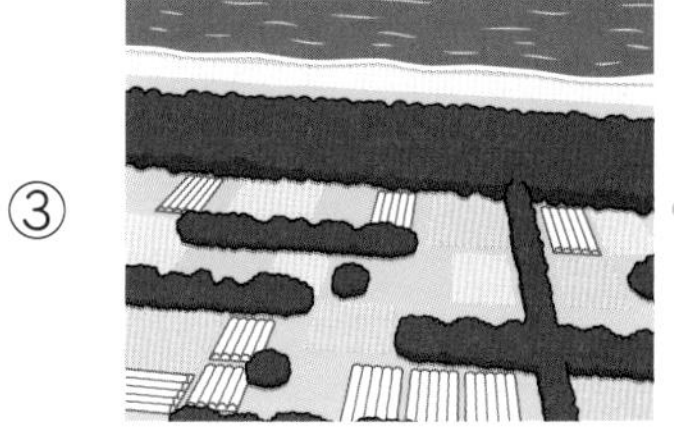

㋒海岸の砂から畑を守る防砂林だよ。

(2) 手入れが行きとどかない森林はどうなりますか。㋐・㋑から選びましょう。（　　）

㋐ 天然林の面積が増(ふ)えて、森林が豊(ゆた)かになる。

㋑ 森林があれて、森林の働きが生かされなくなる。

2 右の図は、森林の働きについてまとめたものです。これを見て、答えましょう。

(1) 図中の①〜④にあう言葉を［　　］から選びましょう。

空気	国土	災害	水

① （　　）
② （　　）
③ （　　）
④ （　　）

(2) 図中のⒶ、Ⓑは、天然林、人工林のいずれかです。人工林はどちらですか。（　　）

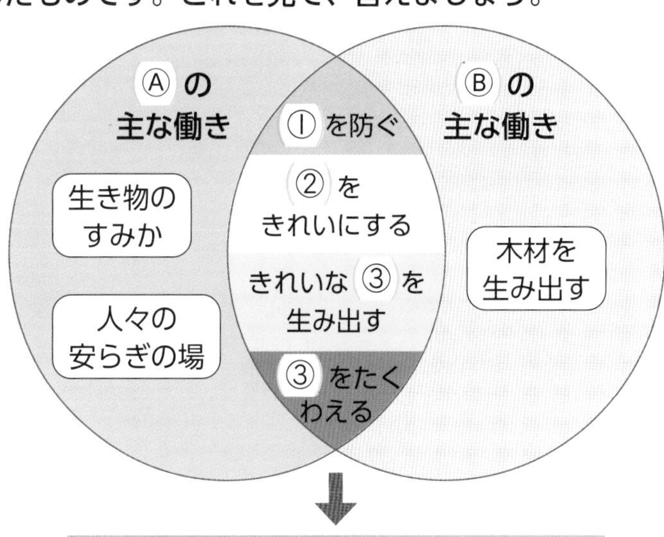

ヒント　2 (2) 森林の主な働きのうち、人工林だけにあてはまるものは何かを考えましょう。

5. わたしたちの生活と環境（かんきょう）

2 わたしたちの生活と森林

時間 30 分
／100
合格 80 点

教科書 下100～111ページ　答え 58ページ

1 日本の森林について、答えましょう。

1つ5点、(3)10点（35点）

(1) 次の文中の①～③にあう数字を、㋐～㋒から選びましょう。

日本の総（そう）面積は約 ① 万km^{2}であり、そのうち森林がしめるわりあいは約 ② ％で最も多い（2019年）。森林には天然林と人工林があり、人工林は約 ③ ％をしめる（2017年）。

㋐ 37.8　㋑ 40.7　㋒ 66.2　①（　）②（　）③（　）

(2) 右のⒶ、Ⓑの写真のうち、人工林はどちらですか。　技能

（　）

記述 (3) できたらスゴイ！ (2)のように判断（はんだん）した理由を、かんたんに書きましょう。

思考・判断・表現

（　）

(4) 青森（あおもり）県から秋田（あきた）県にかけて広がる白神（しらかみ）山地に見られる天然林の種類を書きましょう。

（　）

2 木材をつくり出す森林について、答えましょう。

1つ5点、(2)10点（25点）

(1) よく出る 次の絵は、森林の木が木材になるまでの作業を表しています。①～③の絵にあう作業を、㋐～㋔から選びましょう。

①（　）　②（　）　③（　）　木を切って運び出す

㋐ 加工　㋑ 間ばつ　㋒ 下草がり　㋓ 植林　㋔ パトロール

記述 (2) 木材をつくるときに出る木のくずを「木質（もくしつ）バイオマスエネルギー」として活用する取り組みがあります。どのようにしてエネルギーとするのか、かんたんに書きましょう。

思考・判断・表現

（　）

3 次の２つのグラフを見て、答えましょう。
1つ５点（20点）

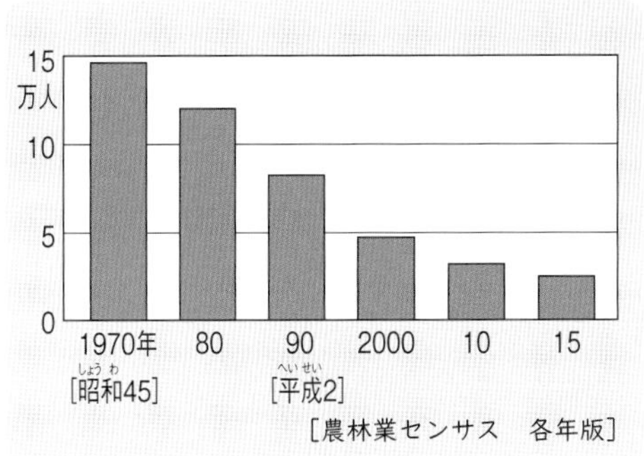

林業で働く人々の数の変化

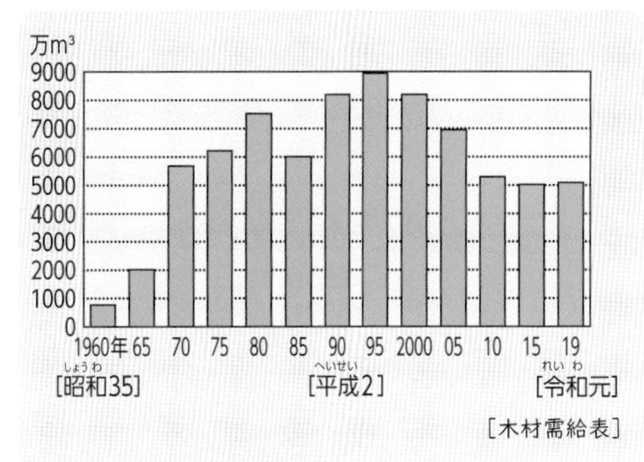

木材輸入量の変化

(1) 林業で働く人々の数は、2015年には1970年と比べてどれくらい減りましたか。㋐～㋒から選びましょう。　**技能**

（　　　）

㋐ 約３分の１　　㋑ 約４分の１　　㋒ 約６分の１

(2) 木材輸入量が最も多かったのは何年ですか。　**技能**

（　　　　　）年

(3) 次の文中の①、②にあう言葉を書きましょう。

> 現在、国産の木材のよさが見直されており、秋田県大館市の大館 ① のように、国産の木材を使った製品が国の伝統的工芸品に指定されている。また、間ばつされた木を使って製品をつくったり、エネルギーとして活用したりすることを通じて、木材の ② 率を上げることが求められている。

①（　　　　　）　②（　　　　　）

4 さまざまな森林の働きについて、答えましょう。
1つ４点（20点）

(1) 次の絵は、わたしたちのくらしを守ることを目的として植えられた人工林を表しています。①～③の森林の名前を書きましょう。

①

②
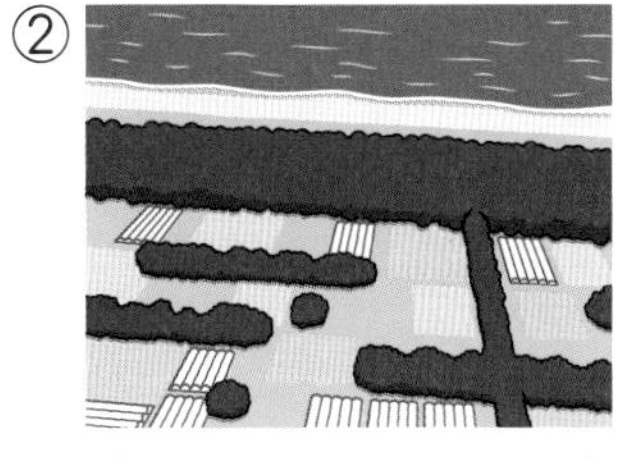
③

（　　　　　）　（　　　　　）　（　　　　　）

(2) 天然林と人工林の主な働きのうち、天然林だけにあてはまるものを、㋐～㋔から２つ選びましょう。　**思考・判断・表現**

㋐ きれいな水を生み出す。　　㋑ 木材を生み出す。
㋒ 人々の安らぎの場となる。　　㋓ 空気をきれいにする。
㋔ 生き物のすみかとなる。

（　　　）（　　　）

ふりかえり　1(3)がわからないときは、108ページの2にもどって確認してみよう。

ぴったり1 準備

学習日　月　日

5. わたしたちの生活と環境

3 環境を守るわたしたち

めあて
公害にはどのようなものがあるかを理解しよう。

教科書 下112〜125ページ　答え 59ページ

次の（　）に入る言葉を、下から選びましょう。

1 豊かな水資源をもつ京都市／生活が便利になる一方で　教科書 下112〜115ページ

京都市の水資源と人々の生活

- 豊富な鴨川の水や地下水を利用して、産業を発展させてきた。

高度経済成長の時代

- 1950年代後半から1970年ごろにかけての（①　　　）の時代には、産業が発展する一方で、日本全国に（②　　　）が広がった。
- 京都市では、1960年ごろから人口が急げきに増え、鴨川のよごれもひどくなった。

公害
住民などの生活のしかたや、工場からのはいき物が原因となって、住民の生活や健康に被害をあたえること。

ワンポイント　四大公害病

- （③　　　）（熊本県・鹿児島県）…化学工場から出された有機水銀が原因。
- （④　　　）（富山県）…神通川上流の鉱山から出されたカドミウムが原因。
- （⑤　　　）（三重県）…石油化学工場から出されたけむりが原因。
- **新潟水俣病**（新潟県）…化学工場から出された有機水銀が原因。
- 裁判所は、原因になった会社の責任をみとめ、ばいしょう金の支はらいを命じた。

2 美しい鴨川を取りもどすために／取りもどした環境を守るために／立場でまとめて話し合う　教科書 下116〜121ページ

公害の広がりを防ぐための取り組み

- 国は、公害対策の基本を定めた1967年の（⑥　　　）や、工場排水の規制や生活排水の対策を定めた1970年の水質汚濁防止法など、公害をなくすための**法律**をつくった。
- 京都市は、生活排水が川に流れこまないように（⑦　　　）を整備したり、工場の排水を規制したりして、川の水をよごさないようにした。

鴨川の環境を守るための取り組み

- 「京都府鴨川条例」…**条例**をつくり、自動車などの乗り入れやバーベキューなどを禁止した。
- 外国から来た植物が鴨川などに広がり、もとの（⑧　　　）をおびやかしたため、外来植物をとりのぞくボランティア活動が行われている。

3 公害をこえて ひろげる ／ことなる立場から考えよう　教科書 下122〜125ページ

- 熊本県水俣市では、化学工場が水俣湾に流した有機水銀が魚に取り込まれ、それを食べた人が病気になり、手や足がしびれたり、目や耳が不自由になったりした。
- 現在、水俣市は、環境モデル都市として、さまざまな活動を行っている。

選んだ言葉に ✓

□生態系	□四日市ぜんそく	□水俣病	□公害対策基本法
□下水道	□イタイイタイ病	□公害	□高度経済成長

学習日　月　日

ぴたトリビア

法律は、国民が守らなければいけない国のきまりです。条例は、都道府県や市区町村が、法律とは別につくることのできるきまりです。

教科書 下112～125ページ　答え 59ページ

1 産業の発展と公害について、答えましょう。

(1) 高度経済成長の時代を、㋐～㋒から選びましょう。

㋐ 1940年代後半から1960年ごろまで

㋑ 1950年代後半から1970年ごろまで

㋒ 1960年代後半から1980年ごろまで

(　　　)

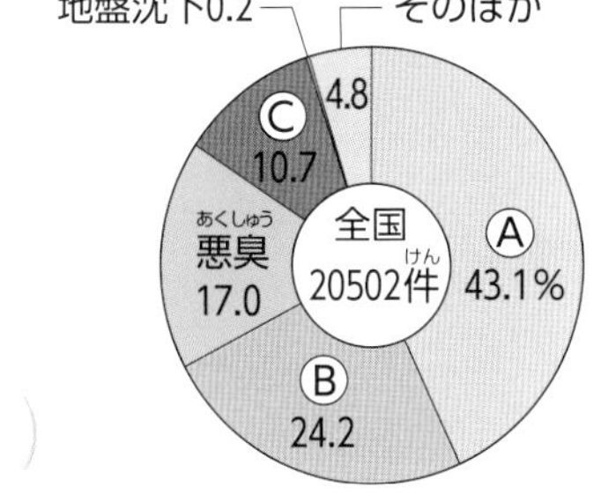

[1966年度/環境省資料]

⬆ 公害にかかわる苦情・ちん情の原因

(2) 右のグラフ中のⒶ～Ⓒにあうものを、㋐～㋒から選びましょう。

㋐ 大気汚染　㋑ 水質汚濁　㋒ 騒音・振動

Ⓐ(　　　)　Ⓑ(　　　)　Ⓒ(　　　)

(3) 次の表中の①～⑥にあう言葉を[　　]から選びましょう。

四大公害病	地域	原因	病気のようす
水俣病	八代海沿岸（熊本県・鹿児島県）	化学工場から出された(⑤)	手足がしびれ、目や耳が不自由となり、死ぬこともある
イタイイタイ病	(③)下流（富山県）	(③)上流の鉱山から出された(⑥)	骨がもろくなり、いたいいたいと言って、とても苦しむ
(①)	四日市市（三重県）	石油化学工場から出されたけむり	息苦しくて、のどがいたみ、はげしいぜんそくの発作が起こる
(②)	(④)下流（新潟県）	化学工場から出された(⑤)	手足がしびれ、目や耳が不自由となり、死ぬこともある

阿賀野川　カドミウム　神通川　新潟水俣病　有機水銀　四日市ぜんそく

①(　　　)　②(　　　)　③(　　　)

④(　　　)　⑤(　　　)　⑥(　　　)

2 鴨川をきれいにするための取り組みについて、答えましょう。

(1) 京都市が行った取り組みについて、正しいものには○を、まちがっているものには×をつけましょう。

①(　　　) 工場の排水などを規制する水質汚濁防止法をつくった。

②(　　　) 生活排水が川に流れこまないように下水道を整備した。

③(　　　) 友禅染の工場を別の場所に移し、地下水で染物をあらうようにした。

④(　　　) 京都府鴨川条例をつくり、自動車などの乗り入れやバーベキューを禁止した。

(2) 1971年にできた、公害の防止や自然環境の保護などに取り組む国の機関を何といいますか。

(　　　)

ヒント

2 (1) 法律をつくるのは国、条例をつくるのは都道府県や市区町村です。

2 (2) 2001年の中央省庁再編により、環境省となりました。

5．わたしたちの生活と環境

3 環境を守るわたしたち

教科書 下112～125ページ　答え 60ページ

1 公害に関する次の文を読んで、答えましょう。

1つ5点、(2)10点（20点）

日本では、ⓐ1950年代後半から1970年ごろにかけて産業が発展し、国民の生活は急速に豊かになった。一方で、ⓑこの時代に公害が日本全国に広がり、多くの人々の生活に大きなⓒ被害をあたえた。

(1) 下線部ⓐについて、このことを何といいますか。

（　　　　）

記述 (2) できたらスゴイ! 下線部ⓑについて、この背景には当時の日本のある状きょうがありました。当時の日本の状きょうについて、「優先」という言葉を使って、かんたんに書きましょう。

思考・判断・表現

（　　　　）

(3) 下線部ⓒについて、公害にかかわる苦情・ちん情の原因（1966年度）として最も多いものを、㋐～㋓から選びましょう。

（　　　　）

㋐ 悪臭　㋑ 地盤沈下　㋒ 騒音・振動　㋓ 大気汚染

2 四大公害病に関する次のⒶ～Ⓓの文を読んで、答えましょう。

1つ4点（32点）

Ⓐ 神通川下流で発生した。上流の鉱山から出されたカドミウムで汚染された水や食べ物をとったことが原因で、骨がもろくなって折れやすくなるなどの症状が出た。

Ⓑ 八代海沿岸で発生した。化学工場から出された有機水銀で汚染された魚を食べたことが原因で、手足がしびれ、目や耳が不自由となるなどの症状が出た。

Ⓒ 四日市市で発生した。石油化学工場から出されたけむりが原因で、息苦しくて、のどがいたみ、はげしいぜんそくの発作が起こるなどの症状が出た。

Ⓓ 阿賀野川下流で発生した。病気の主な原因や症状はⒷと同じである。

(1) よく出る Ⓐ～Ⓓにあう公害病の名前を書きましょう。

Ⓐ（　　　　）　Ⓑ（　　　　）

Ⓒ（　　　　）　Ⓓ（　　　　）

(2) Ⓐ～Ⓓの公害病が発生した地域を、右の地図中の㋐～㋓から選びましょう。

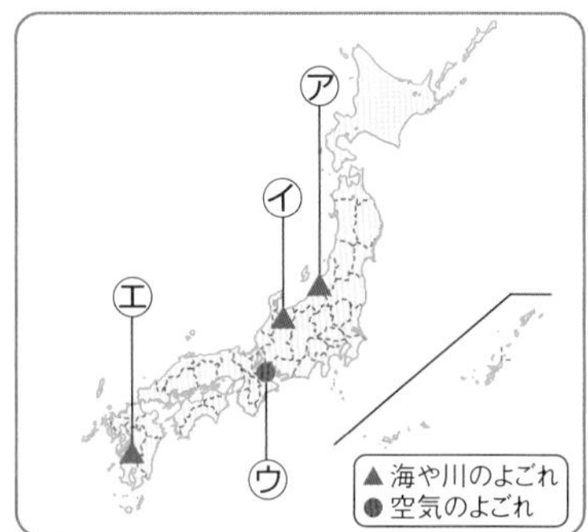

Ⓐ（　　）　Ⓑ（　　）

Ⓒ（　　）　Ⓓ（　　）

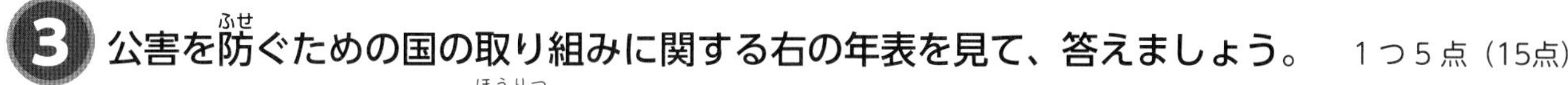

3 **公害を防ぐための国の取り組みに関する右の年表を見て、答えましょう。** 1つ5点（15点）

(1) 年表中の①、②にあう法律名を書きましょう。

①（　　　　　　）
②（　　　　　　）

(2) 下線部について、この機関を何といいますか。

（　　　　　　）

年	主なできごと
1958（昭和33）	工場排水規制法ができる
1967	①という法律ができる
1970	水質汚濁防止法ができる
1971	公害の防止などに取り組む国の機関ができる
1993（平成5）	②という法律ができる

4 **美しい鴨川を取りもどすための京都市の取り組みに関する次の文を読んで、答えましょう。**

1つ4点、(2)9点（33点）

京都市の①が急げきに増えた1960年ごろから、鴨川のよごれがひどくなった。そこで、京都市では ⓐ下水道を整備したり、工場の排水を規制したりした。また、友禅染の工場は、工場を別の場所に移し、②で染物をあらうようにした。このように、しくみや ⓑきまりを整え、川をよごさないくふうや努力をしたことで、鴨川は美しさを取りもどした。

(1) 文中の①、②にあう言葉を、㋐～㋓から選びましょう。

㋐ 海水　　㋑ 観光客　　㋒ 人口　　㋓ 地下水

①（　　）　②（　　）

記述 (2) 下線部ⓐについて、下水道を整備した目的を、かんたんに書きましょう。

思考・判断・表現

（　　　　　　　　　　　　）

(3) 下線部ⓑについて、都道府県や市区町村が、国の法律とは別につくることのできるきまりのことを何といいますか。

（　　　　　　）

(4) きれいになった鴨川を守るための取り組みに関する次の会話を読んで、正しいものには○を、まちがっているものには×をつけましょう。

①（　　）

鴨川への親しみや美化の気持ちをもってもらおうと、鴨川茶店や鴨川納涼を行っているよ。

②（　　）

鴨川に遊びに来た人が楽しめるように、打ち上げ花火やバーベキューができるようになったね。

③（　　）

鴨川の生態系を守るため、河原で外来植物をとりのぞくボランティア活動が行われているよ。

ふりかえり ❶(2)がわからないときは、116ページの❶にもどって確認してみよう。

この本の終わりにある「春のチャレンジテスト」をやってみよう！

この本の終わりにある「学力診断テスト」をやってみよう！

学習日　　月　　日

5年の復習　クロスワードにちょう戦！

世界の大陸・海洋や日本の位置を復習しよう！

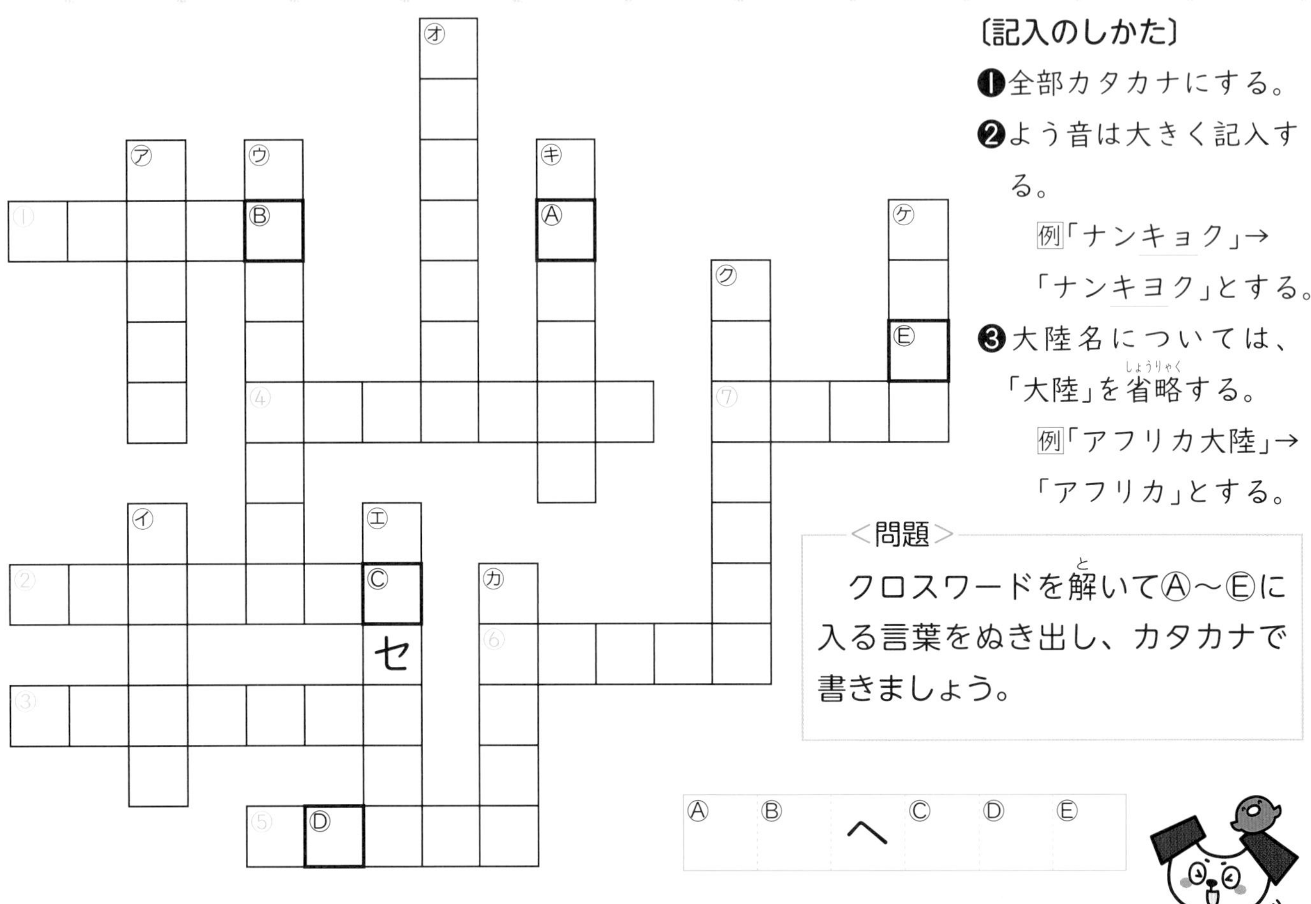

〔記入のしかた〕

❶全部カタカナにする。

❷よう音は大きく記入する。

例「ナンキョク」→「ナンキヨク」とする。

❸大陸名については、「大陸」を省略する。

例「アフリカ大陸」→「アフリカ」とする。

＜問題＞

クロスワードを解いてⒶ～Ⓔに入る言葉をぬき出し、カタカナで書きましょう。

Ⓐ	Ⓑ		Ⓒ	Ⓓ	Ⓔ
		ヘ			

【たて】

㋐　厚い氷におおわれている大陸。

㋑　世界でいちばん大きい大陸。

㋒　朝鮮半島の南半分をしめ、日本にいちばん近い国。略して韓国という。

㋓　三大洋で2番目の広さの海洋。

㋔　世界でもっとも小さな大陸。大陸名と、この大陸にある国名は同じである。

㋕　日本と同じ島国で、首都はマニラ。約7000の島からなる。

㋖　アメリカ合衆国がある大陸。

㋗　日本の領土である、北方領土を不法に占領している国。

㋘　古くから日本とつながりが深い国で主都はペキン。○○○○人民共和国、略して中国という。

【よこ】

①　日本と「たて㋑」大陸の間の海。

②　北海道の北方に広がる海。

③　中国・朝鮮半島・南西諸島に囲まれた海。

④　この大陸の北部を赤道が通り、ほとんどが南半球にある大陸。

⑤　日本と国交が開かれていない国。○○○○○民主主義人民共和国、略して北朝鮮という。

⑥　三大洋でもっとも小さい海洋。

⑦　「たて㋑」大陸に次いで2番目に大きな大陸。中央部を赤道が通る。

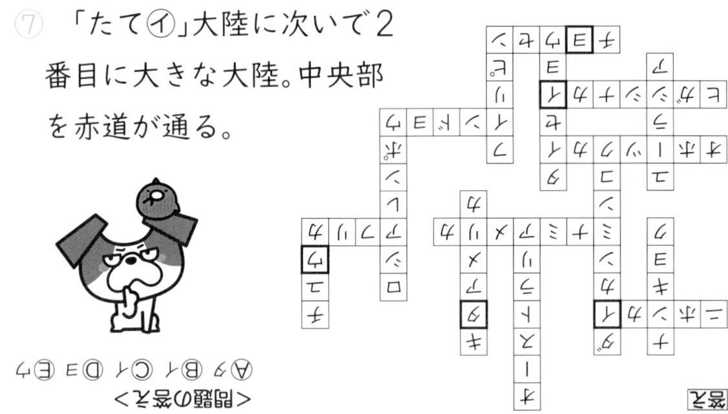

(切り取り線)

夏のチャレンジテスト

教科書　上6〜93ページ

名前　　　　月　　日

時間 40分　知識・技能 /70　思考・判断・表現 /30　合格80点 /100

答え61ページ

3、5については、学習の状況に応じてA・Bどちらかを選んでやりましょう。

知識・技能　70点

1 次の地図を見て、答えましょう。

1つ2点(20点)

(1) ①〜④の国の名前を、㋐〜㋓から選びましょう。

㋐ 大韓民国
㋑ モンゴル
㋒ 中華人民共和国
㋓ フィリピン

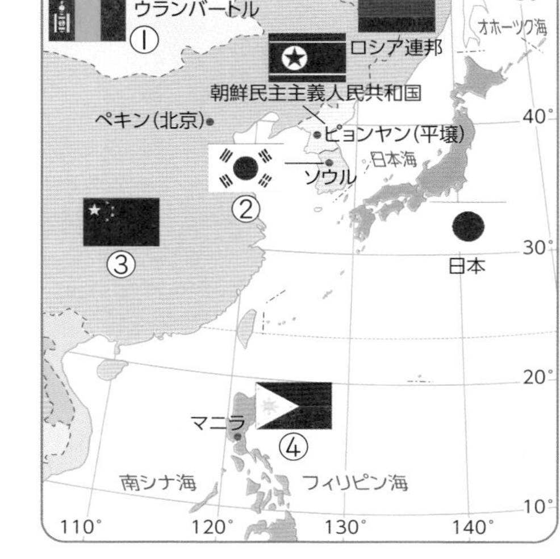

① 　② 　③ 　④

(2) 日本の東、西、南、北のはしの島を、㋐〜㋓から選びましょう。

㋐ 択捉島　㋑ 与那国島　㋒ 沖ノ鳥島　㋓ 南鳥島

(2) 日本の国土のうち、山地はどれくらいをしめますか。㋐〜㋒から選びましょう。

㋐ 2分の1　㋑ 4分の3
㋒ 10分の3

3のA 低い土地のくらしについて、答えましょう。

1つ3点(12点)

(1) 岐阜県海津市に見られる、水害から守るために堤防で囲まれた土地を何といいますか。

(　　　)

(2) (1)では、水路をうめ立てて田の広さや形を整えた結果、農業が変化しました。文中の①〜③にあう言葉を□から選びましょう。

・うめ立て前は主に手作業で稲作を行っていたが、うめ立ててからは(①)を使った農業ができるようになった。また、排水機場ができて(②)がよくなったため、米だけでなく(③)や果物も生産できるようになった。

水質　水はけ　舟　機械　野菜　漁業

4 日本にふく風の様子を表した次の図を見て、文中の①～⑤にあう言葉を□から選びましょう。 1つ2点(10点)

・Ⓐの季節は(①)で、南東から風がふき、(②)側に雨をもたらす。Ⓑの季節は(③)で、北西から風がふき、(④)側に雨や雪をもたらす。これらの風は(⑤)とよばれる。

夏 冬 日本海 太平洋 季節風 台風

①(　　) ②(　　) ③(　　)
④(　　) ⑤(　　)

5 のA 沖縄県のくらしについて、文中の①～③にあう言葉を書きましょう。 1つ2点(6点)

・沖縄県は、日本で最も(①)の被害の多い県である。あ

(2) 次の地図は、農産物の生産や家畜の飼育がさかんな都道府県を表しています。Ⓐ～Ⓓにあう農産物や家畜を□から選びましょう。

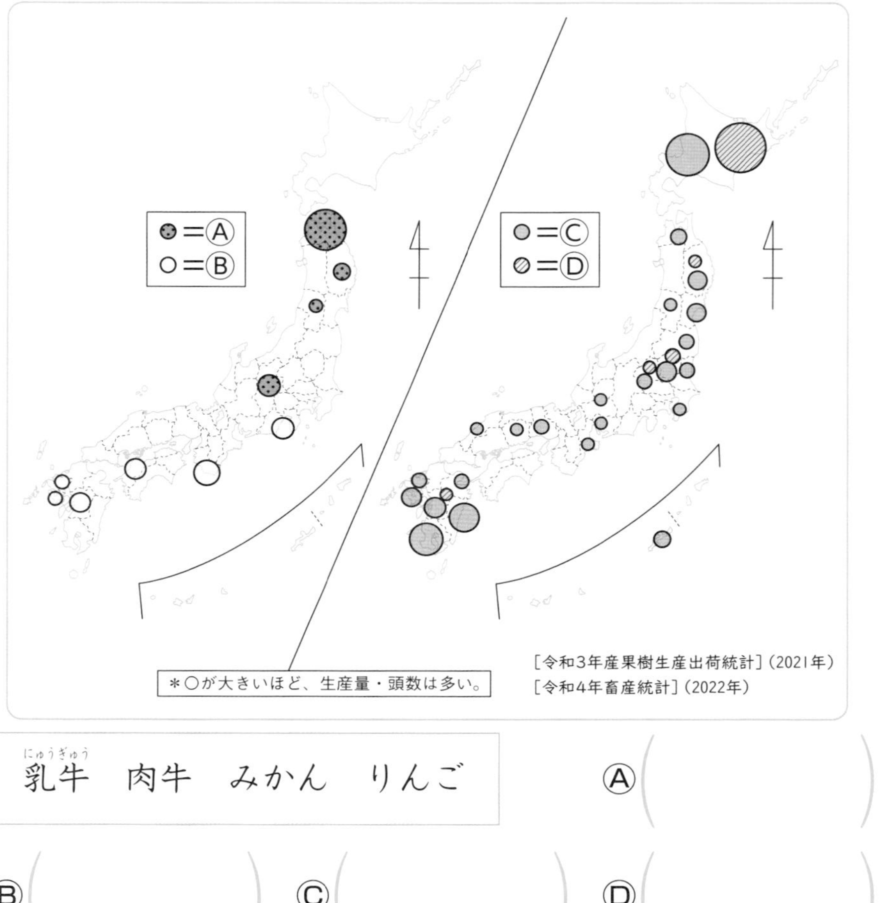

乳牛 肉牛 みかん りんご

Ⓐ(　　)
Ⓑ(　　) Ⓒ(　　) Ⓓ(　　)

思考・判断・表現 30点

7 米づくりについて、答えましょう。

いばいしている。また、沖縄島では、今でも（　③　）の軍用地が広い面積をしめている。

①（　　　　）②（　　　　）

③（　　　　）

5 **のB　北海道のくらしについて、文中の①～③にあう言葉を書きましょう。** 1つ2点(6点)

・北海道は（　①　）が多いため、スキーがさかんである。十勝地方では、夏もすずしい気候を利用して、ポテトチップの原料となる（　②　）をさいばいしている。また、北海道では先住民族の（　③　）の人々もくらしている。

①（　　　　）②（　　　　）

③（　　　　）

6 **食料生産について、答えましょう。**

1つ2点(10点)

(1)　日本を7つの地方に分けたときに、最も米の収穫量が多い地方はどこですか。

（　　　　）地方

1つ6点、(3)12点(30点)

(1)　さまざまな品種のよいところを集めて、新しい品種をつくり出すことを何といいますか。

（　　　　）

(2)　右のグラフからわかる、農家の人々がかかえる課題を（　）にあうように書きましょう。

1500万人
1000
500
0
1970年 80 90 2000 10 20 22
[昭和45] [平成2] [令和2]
60才以上
30～59才
16～29才※
※1995年からは15～29才　[農業構造動態調査ほか]

農業で働く人数の変化

・農業で働く人数は、1970年から2022年まで（　①　）いる。

・農業で働く60才以上の人数のわりあいは（　②　）いる。

①（　　　　）②（　　　　）

(3)　右の資料は、(2)の課題を解決するための取り組みのひとつです。この取り組みを行う理由を、「手間」という言葉を使って、かんたんに書きましょう。

ヘリコプターを使った農薬まき

（　　　　）

東（　　） 西（　　） 南（　　） 北（　　）

(3) 地図中のたての線と横の線の名前を書きましょう。

たて（　　　　） 横（　　　　）

2 次の地図を見て、答えましょう。

1つ2点(12点)

(1) ①～⑤の山脈、山地、川の名前を書きましょう。

①（　　　　）

②（　　　　）

③（　　　　）

④（　　　　）

⑤（　　　　）

①（　　　　） ②（　　　　） ③（　　　　）

3のB 高い土地のくらしについて、答えましょう。

1つ4点(12点)

(1) 群馬県嬬恋村などの高い土地でさいばいされている野菜を何といいますか。

（　　　　）野菜

(2) 次のグラフを見て、文中の①には春・夏・秋・冬のどれかを、②にはあう言葉を書きましょう。

・キャベツは約15度から20度の気温でよく育つため、嬬恋村では、すずしい気候を生かして（①）にキャベツをつくっている。

・しゅんの時期とずらした時期に出荷して、よりよい価格で売れるようにするさいばい方法を、（②）さいばいや促成さいばいという。

(℃) 30 20 10 0 −10
東京
嬬恋村
1月 2 3 4 5 6 7 8 9 10 11 12
[気象庁資料]

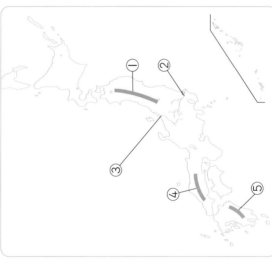

⬆ 嬬恋村と東京の月別平均気温

①（　　　　） ②（　　　　）

うらにも問題があります。

(切り取り線)

冬のチャレンジテスト

教科書 上94～下65ページ

月　日

名前

時間 40分

知識・技能	思考・判断・表現	合格80点
／70	／30	／100

答え63ページ

知識・技能　70点

1 水産業について、答えましょう。

1つ2点、(4)3点(13点)

(1) たまごから成魚になるまで、人がいけすなどで育ててからとる漁業を何といいますか。

(　　　　)

(2) 人の手で魚や貝のたまごをかえして、川や海に放流し、自然の中で育ててからとる漁業を何といいますか。

(　　　　)

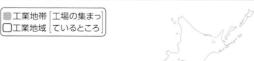

(3) 右のグラフ中の①～③にあう漁業を、㋐～㋒から選びましょう。

㋐ 沿岸(えんがん)漁業

㋑ 遠洋漁業

㋒ 沖合(おきあい)漁業

万t 700 600 500 400 300 200 100 0

1970年 74 78 82 86 90 94 98 2002 06 08 10 12 14 16 18 2021

[昭和45]　[平成2]　[令和2]

［漁業・養殖業生産統計年報］

漁業別の生産量の変化

① [　　]　② [　　]　③ [　　]

3 日本の工業生産について、答えましょう。

1つ2点、(5)4点(24点)

(1) 昔(1935年ごろ)と今(2019年)の工業生産額(がく)について、最もわりあいの大きい工業の種類を[　]から選びましょう。

機械工業　金属(きんぞく)工業　せんい工業

1935年ごろ(　　　　)　2019年(　　　　)

(2) 右のグラフ中の Ⓑ にあう工場を、㋐・㋑から選びましょう。

㋐ 大工場

㋑ 中小工場

[　　]

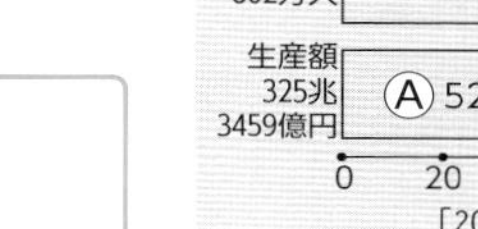

工場数 35万8238
Ⓐ1.0%
Ⓑ99.0%
働く人の数 802万人
Ⓐ32.7%
Ⓑ67.3%
生産額 325兆3459億円
Ⓐ52.6%
Ⓑ47.4%
0 20 40 60 80 100%
[2019年/2020年工業統計表]

大工場と中小工場のわりあい

(3) 次の地図中の①～⑥の工業地帯・地域(ちいき)名を書きましょう。

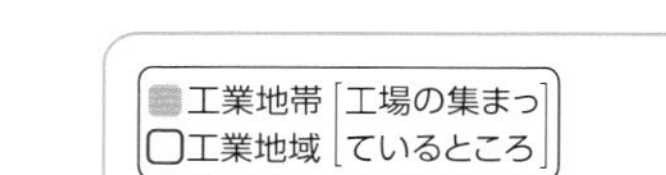

工業地帯
工業地域
[工場の集まっているところ]
(新潟県、富山県、石川県、福井県)

4 自動車をつくる工業について、文中の①～⑤にあう言葉を、㋐～㋕から選びましょう。

1つ1点(5点)

・（①）でつくられた部品を組み立て工場へ運び、そこで（②）に流し、自動車をつくっている。

・完成した自動車の輸送にはトラックが使われることから、組み立て工場の多くは（③）の近くにある。また、海外へは自動車専用船を使って運ばれることから、（④）の近くにあることも多い。

・日本の自動車会社は、最近では、世界のいろいろな国で（⑤）をすることが増えている。

㋐ 港　㋑ 現地生産　㋒ 組み立てライン
㋓ 関連工場　㋔ 高速道路　㋕ はん売店

① ② ③ ④ ⑤

5 日本の貿易について、答えましょう。

1つ2点、(2)④6点(14点)

(1) 日本で貿易額が最も多い港・空港を、㋐～㋒から選びましょう。

㋐ 名古屋港　㋑ 成田国際空港
㋒ 関西国際空港

6 これからの工業生産について、答えましょう。

1つ2点(8点)

(1) 次の①～③の都市で生産されている伝統的な工業の製品を□から選びましょう。

銅製品　しっき　めがねわく

① 石川県輪島市（　）　② 富山県高岡市（　）
③ 福井県鯖江市（　）

(2) 少子高齢化で働く人の数が減ってきたこともあり、最近では、工場や介護施設などで、人の代わりに働く（　）が開発されています。（　）にあう言葉を書きましょう。

（　）

思考・判断・表現　30点

7 情報とメディアについて、答えましょう。

1つ5点、(3)10点(30点)

(1) 次の表中の①～③のメディアの名前を書きましょう。

(2) 次のグラフについて、答えましょう。

機械類(自動車、カメラなどをのぞく)20%　自動車3%　鉄鋼10%　カメラなど2%

1960年 1.5兆円	機械類(自動車、カメラなどをのぞく)20%	自動車3%	鉄鋼10%	カメラなど2%	せんい品30%	そのほか35%
2019年 76.9兆円	44	16	4	3	1	32

(%)0 10 20 30 40 50 60 70 80 90 100
［通商白書　各年版、財務省貿易統計］

⇧ 主な輸出品の取りあつかい額のわりあいの変化

1980年 32.0兆円	原油など燃料50%	化学製品4%	機械類7%	食料品10%	原料品9%	そのほか20%
2019年 78.6兆円	22	32	10	9	6	21

(%)0 10 20 30 40 50 60 70 80 90 100
［通商白書　各年版、財務省貿易統計］

⇧ 主な輸入品の取りあつかい額のわりあいの変化

① 最も取りあつかい額のわりあいが減った輸出品を書きましょう。

(　　　　)

② 最も取りあつかい額のわりあいが増えた輸入品を書きましょう。

(　　　　)

③ 石油は、どこの国から最も多く輸入していますか。㋐～㋒から選びましょう。

㋐ アメリカ　　㋑ サウジアラビア

㋒ ロシア

□

④ 輸入することで、どのようなよいことがありますか。「安い」という言葉を使って、かんたんに書きましょう。

(　　　　)

	特ちょう	伝え方
①	家事や車の運転をしながら楽しめる。	音声
②	家族でいっしょに楽しめる。	映像と音声
③	情報をすぐに調べられる。	文字や映像など

①(　　　　)　②(　　　　)

③(　　　　)

(2) 右の新聞記事は、事実とちがう報道により悪者にされ、生活や仕事などに悪いえいきょうを受けた例です。このように、報道により不利益を受けることを何といいますか。

(　　　　)

(3) (2)のようなことがないよう、わたしたちがメディアから情報を得る際に気をつけることを、かんたんに書きましょう。

(　　　　)

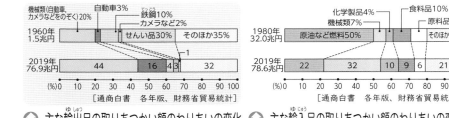

(4) 1970年代後半ごろから、グラフ中の②の生産量が減っている理由を、「200海里水域」「制限」という言葉を使って、かんたんに書きましょう。

(　　　　　　　　　　)

2 日本の食料生産をめぐる課題について、答えましょう。

1つ2点(6点)

(1) 右のグラフを見て、国内の消費量のほとんどを輸入にたよっている食料を2つ書きましょう。

(　　　　)

(　　　　)

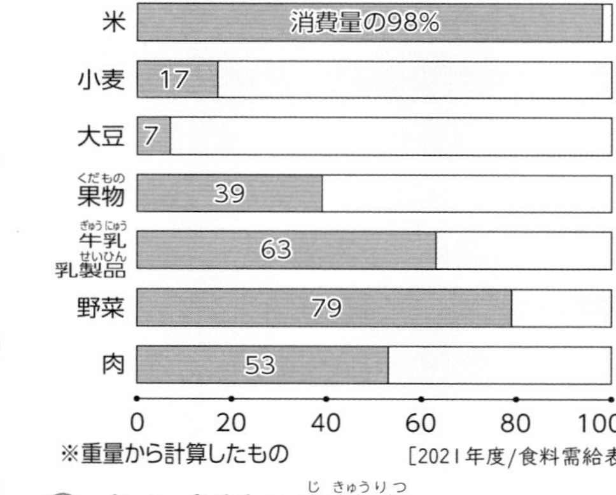

主な食料の自給率

(2) 住んでいる土地のそばで生産された食材を食べる取り組みを何といいますか。

(　　　　)

北陸工業地域
(岡山県、広島県、山口県、香川県、愛媛県) ⑤
① (栃木県、群馬県、埼玉県)
京葉工業地域 (千葉県)
② (東京都、神奈川県)
Ⓐ
④ (大阪府、兵庫県)
東海工業地域 (静岡県)
③ (愛知県、三重県)
⑥ (福岡県)
0 300km

①(　　　　) ②(　　　　)

③(　　　　) ④(　　　　)

⑤(　　　　) ⑥(　　　　)

(4) 工業地帯・地域が帯のように広がる、地図中のⒶの地域を何といいますか。

(　　　　)

(5) 工業地帯・地域は、どのようなところに集まっていますか。「交通」という言葉を使って、かんたんに書きましょう。

(　　　　　　　　　　)

うらにも問題があります。

(切り取り線)

春のチャレンジテスト

教科書　下66〜125ページ

名前　　　月　　日

時間 40分

知識・技能	思考・判断・表現	合格80点
／70	／30	／100

答え65ページ

知識・技能　70点

1 情報（じょうほう）を生かす産業について、答えましょう。

(1)(4)6点、(2)完答4点、(3)1つ2点(24点)

(1) 人間に代わって、知的な活動をコンピューターに行わせる技術（ぎじゅつ）やコンピュータープログラムのことを何といいますか。漢字で書きましょう。

(　　　　)

(2) 次の図は、IC（アイシー）カードで買い物をしたときの、情報の流れを表しています。★のときに読み取られる情報を、㋐〜㋓からすべて選びましょう。

㋐ 客の性別（せいべつ）や年れい

㋑ 客の服そう

2 次の２つのグラフを見て、答えましょう。

1つ2点、(3)5点(11点)

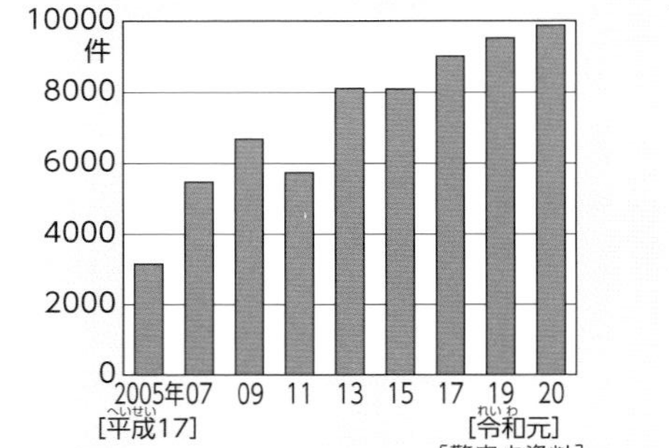

インターネットを利用した犯罪（はんざい）の件数（けんすう）の変化

70%
60
50
40
30
20
10
0

スマートフォン／パソコン／タブレット型機器／インターネット対応（たいおう）テレビ／インターネット対応ゲーム機／携帯電話・PHS（ピーエイチエス）（スマートフォンをのぞく）

※それぞれの機器を使ってインターネットを利用した人のわりあい

[2021年/通信利用動向調査]

インターネットを利用する機器の種類

(1) インターネットを利用した犯罪の件数が最も多いのは何年ですか。

(　　　　)

(2) インターネットを利用する際に使われることの多い機器を、グラフから２つ選びましょう。

(　　　　)(　　　　)

(3) インターネットで情報を集めるときに気をつけることを、「正しい情報」という言葉を使って、かんたんに書きましょう。

4 自然災害について、答えましょう。

1つ2点(6点)

(1) 次の災害のための施設にあう説明を、㋐～㋒から選びましょう。

①

②

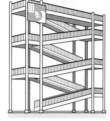

㋐ 津波が来たときに、住民が一時的に緊急ひなんする。

㋑ 大雨のときに、上流の土砂が大量に流れることを防ぐ。

㋒ 大雨のときに、ふった雨水を大量に取りこみ、川に排水する。

(2) 右の地図中の▲が表すものを、㋐～㋒から選びましょう。

㋐ 津波災害の発生した場所

㋑ 気象庁が観測している火山

㋒ ハザードマップをつくっている市区町村

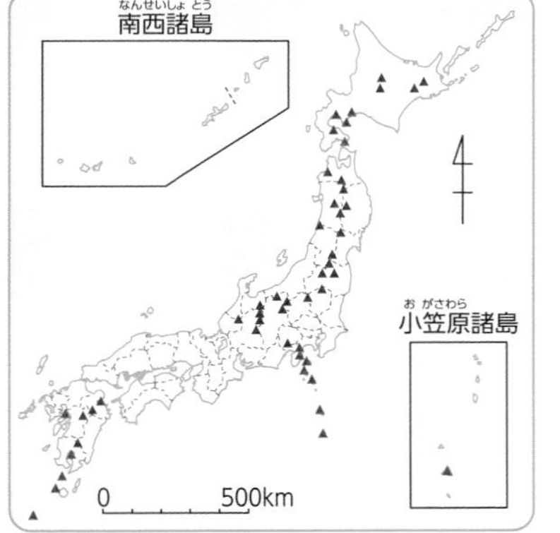

(4) 右の写真は、海岸地帯に植えられた森林です。この森林の役割を、かんたんに書きましょう。

(　　　　)

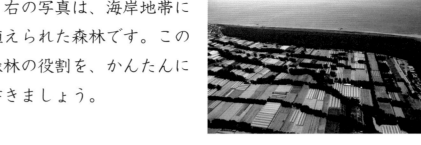

(5) (4)のほかにも森林には、さまざまな働きがあります。そのうちのひとつを、かんたんに書きましょう。

(　　　　)

思考・判断・表現 30点

6 環境について、答えましょう。

1つ4点、(5)10点(30点)

(1) 鴨川のBOD(川などのよごれの程度を表す値)が大きく増えた1960年代は、工業の生産がさかんになり、生活が豊かになった時期です。この時期を何といいますか。

(　　　　)

mg/L 30 20 10 0
1960年度 [昭和35] 70 80 90 [平成2] 2000 10 19 [令和元]
[京都市資料]

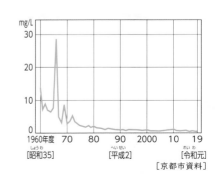

⬆ 鴨川のBODの値の変化

5 森林について、答えましょう。

1つ2点、(2)(4)(5)5点(21点)

(1) 日本の森林の面積は、国土のおよそどれくらいをしめていますか。㋐〜㋒から選びましょう。

㋐ 5分の3　㋑ 2分の1

㋒ 3分の2

(2) 白神山地で見られるような天然林とは、どのような森林のことですか。かんたんに書きましょう。

(　　　　　　　　)

(3) 人工林について、文中の①、②にあう言葉を□から選びましょう。

・人がなえ木を(①)し、下草をかったり、日光がよく当たるように(②)をしたりして、手入れをして育てている森林を人工林という。

製材　植林　間ばつ　輸出

①(　　　　)　②(　　　　)

(2) (1)の時期に鴨川がよごれた原因のひとつを、「生活排水」という言葉を使って、かんたんに書きましょう。

(　　　　　　　　)

(3) 次の文中の①、②にあう言葉を書きましょう。

・公害の広がりを防ぐために国では、1967年に公害対策基本法などの(①)をつくった。

・京都市では、工場や家で使った水が川に流れこまないように(②)を整備した。

①(　　　　)　②(　　　　)

(4) 地域の願いを実現するために、都道府県や市区町村がつくるきまりを何といいますか。

(　　　　)

(5) 右の写真は、鴨川ぞいに立てられたかん板です。現在の鴨川の課題は、どのようなことだと考えられますか。かんたんに書きましょう。

(　　　　　　　　)

㋒ 買った商品の数

㊁ 商品を買った日にちや時間

(3) 次の文中の①～④にあう言葉を□から選びましょう。

・コンビニエンスストアでは、商品の（ ① ）を読み取ることでさまざまな情報が自動的に記録される（ ② ）システムが導入されている。また店は、集めた情報から翌日売れる商品を予想し、（ ③ ）の参考にする。

・ICカードや電子マネーなどを申しこむときは、（ ④ ）がどのように守られ、活用されるのかを確かめることが大切である。

開発　バーコード　発注　個人情報　POS　GPS

①（　　） ②（　　）

③（　　） ④（　　）

(4) コンビニエンスストアでは、映画のチケットや住民票の写しなどを、情報通信技術を活用して手に入れることができます。この情報通信技術のことをアルファベット3文字で何といいますか。（　　）

3 地震について、答えましょう。

1つ2点(8点)

(1) 地球の表面をおおう、十数まいの岩ばんを何といいますか。カタカナで書きましょう。（　　）

(2) 日本の国土の各地にある、右の図の★のような地震の発生しやすいところを何といいますか。（　　）

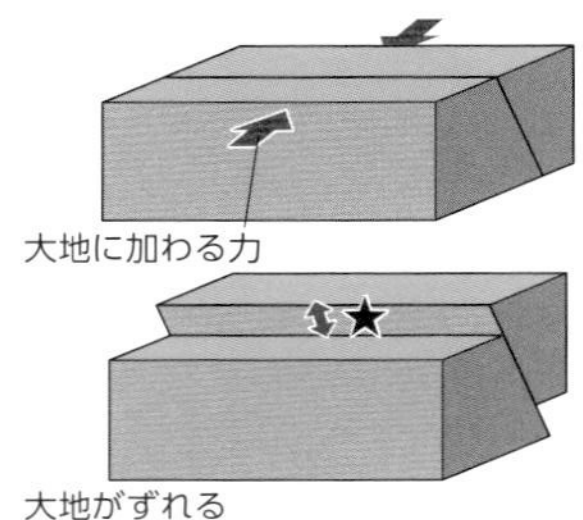

(3) 地震への備えについて、文中の①、②にあう言葉を、㋐～㋒から選びましょう。

・建物が地震でたおれないように、学校や公共施設などの（ ① ）を行ったり、気象庁が強いゆれを予測し、（ ② ）で知らせたりしている。

㋐ ハザードマップ　㋑ 緊急地震速報

㋒ 耐震工事

① □ ② □

うらにも問題があります。

(切り取り線)